論哲學家

PROPOS SUR DES PHILOSOPHES

阿蘭

陳太乙——譯

目錄

推薦序　察覺我們人間的條件

楊凱麟｜巴黎第八大學哲學場域與轉型研究所博士

阿蘭的寫作入列於法國文人的獨特傳統，那是自蒙田以降，以第一人稱「我」回應時局、舒發哲思並重視啟蒙的人文主義書寫。對蒙田而言，這就是「隨筆」（essais），對笛卡兒則是「沉思」（méditations），對巴斯卡是「思想」（pensées），這種充滿個人風格與感情的「反思書寫」甚至遠渡英吉利海峽影響了培根，而有了他著名的「隨筆」（*Essayes: Religious Meditations*）。

這些隨筆、沉思與思想熠熠閃爍著人文主義的光輝，在字裡行間忠實地迴響著作者本人最堅貞的生命與信仰。蒙田在他的《隨筆集》一開始便直截了當地「致讀者」：「我自己就是我的書的材料。」這是一種以思想的絕對自主與自由出發的反思性寫作，既由個人的生命經驗提出了世俗的救贖，亦博學強記地摘引古今佳言給予佐證，文體輕盈不落俗套，夾敘夾議且總是洋溢對生命的豐沛情感，與最重要的，對於自由的由衷信仰。

阿蘭將近十本「言談」（propos）便是這樣的「隨筆」，分門別類地對於幸福、美學、權力、教育、宗教、經濟、政治、文學與哲學等論域提出充滿靈光的短論，在兩頁的篇幅裡對讀者關注的問題給予啟發性的觀點，拋出有力的警句，並總是對於偏見與既有的陳套毫不留情地批判。

在這本關於哲學「言談」的書中，飛翔著阿蘭所喜愛的哲學家幽靈，柏拉圖、亞里斯多德、笛卡兒、史賓諾沙、盧梭、黑格爾、馬克思……阿蘭以充滿靈性的文字招喚他們，他說，「我讀荷馬的時候，與詩人形成社群。」而書中一百多則的「言談」，無疑地亦是為了與哲學家「形成社群」。

做為傑出的高中哲學教師，阿蘭一生的書寫都具有啟蒙的教育學意涵，「追隨笛卡兒，絕對不是想變得跟笛卡兒一樣。不是的；我還是我，正如他就是他。」然而，笛卡兒，或書中屢屢召喚而來的史賓諾沙、柏拉圖或黑格爾等哲學家，總是意謂著各種獨立與原創思考的邀請，邀請讀者親身體驗思想的無比誘惑與魅力，並且因而能自己開始付諸行動！

閱讀阿蘭的「言談」應該回到「隨筆」的書寫傳統之中，而法文「隨筆」的本意則是嘗試與實驗，這是何以他在本書中會充滿正能量地說：「人將純粹存在的範圍擴延得愈廣，便愈接近它。」阿蘭的言談總是充滿生命的勇氣，這正是人間條件的現實。

這個二十世紀初的法國人在他的這本書中，正如他提及的小故事，「並非邀請我們相信，而是邀請我們去察覺（percevoir）」。邀請察覺我們人間的條件，或許這便是阿蘭「言說」在今天仍然具有的啟發。

專文導讀　行動與思想的衝突：實踐者阿蘭的矛盾

潘怡帆｜巴黎第十大學哲學博士

《論哲學家》無疑地白熱化了阿蘭思想內部的終極衝突，強調實踐的哲學在此與形上思想對陣。當今人文科學的式微其實映照著此實用與理論之辯，二十一世紀的我們從未離前朝太遠。阿蘭是我們思想的同代人，在應當行動或思想之間反覆徘徊的地縛靈。而唯獨重新整頓這未曾癒合的悖論，我們或許才能跨入下一輪太平盛世。

阿蘭以生活在海上的水手為例。大海無情，只是純粹的翻攪與搖晃，水手與其固守學理而葬身海底，毋寧更須是隨著潮汐起落因時制宜地行動。這潮溼且昂揚豎立於眼前的巨浪使「哲學家被壓扁，囚禁其中，宛如植物標本館中的一株植物」（第4篇）。沒有任何現實事件會完全符合哲學家抽象思想的預設框架，於是「事實扼殺思想」（第17篇），「當天塌下來的時候，世界果然實實在在地存在。對，但那可不是可以慢慢思考的時刻。存在來勢洶洶，我們捍衛自己，抵抗一群狂吠騷動的狗」

（第5篇）。

只要置身現實處境，人便會發覺他是「根據自己的行動去思考」、「所有思想皆是行動的產物」（第29篇）。行動一旦發生，所有主動、預先或假設性的思考便全數翻盤，返回思想開始以前，因為「行動已改變所有關係。但是，想法上的行動，什麼也不算，一切滯留在原處」（第38篇）。行動成為思想的分水嶺，在行動之前與之後撕裂成兩種思想：只是思想的思想與行動裡的思想。由行動啟動的思想將以實際效用否決行動前的純粹思想，因為「沒有勇氣、不做選擇，他們這些想法將化為塵埃」（第16篇）。與行動無關的抽象思想因為失效而陷入無用與應當捨棄的危機之中。

對行動的倡導成為思想的抵制，因為「行動永遠回到原點」（第102篇）。突如其來的意外足以癱瘓思想，卻激發反射性的行動本能，使人察覺行動的重要價值。倘若行動的每次展開皆斷開此前的思想，使之歸零，那麼思想不僅無法積累，更因為被行動一再推翻而反覆驗證其非必要性。行動於是脫離思想的掌控，而且反之，成為誕生思想的起源；必須當機立斷、壯士解腕、定謀貴決，因為「深思熟慮的人賺不到明天的麵包，甚至得不到當天的溫飽」（第18篇）。阿蘭從不佇留於純粹思想的辯證，使得從思想到行動的單向道，轉變為二選一的難題，因為問題不再是如何把思想付諸行動，而是行動正在廢除思想。

不過，如此一來，我們便難以明白《論哲學家》的目的。無論是巴門尼德、柏拉圖、亞里斯多德、笛卡兒、康德等人的思想皆已經是前人之思，而非我們從行動中誕生的思想。即使阿蘭強調黑格爾的觀念哲學緣起於觀察生活的自然哲學，並讚揚孔德的實證哲學，他們仍會隨著時代推進、不復存的具體案例以及思想體系的建立，轉而成為非現實的抽象思想。在以「行動」為尊的堅持下，這些思想最終都難免成為過期品，遭遇無情的碾壓。然而，倡導行動與關懷現實的阿蘭為何仍需重提那些早已反覆被「行動」化整為零的作古哲學家們？

答案或許正藏在阿蘭對帕斯卡的反思。對阿蘭而言，帕斯卡廣受眾人愛戴的理由無他，自由不羈的精神而已。自由是行動擺脫思想箝制的戰利品，當行動不僅止於思想的實踐工具，而能以自身的動能孕育思想，推翻既存觀念，它便停止成為思想的附庸，而是與之抗衡，挑釁其局限性，亦即凸顯「脫離現實的抽象思想並非能付諸行動的有效方針」。優先選擇行動而捨棄純粹思想，使行動從思想的禁臠中得到解放。

不過，從行動中誕生的思想同樣受限於個案的現實框架，無法超脫於行動並反省行動本身，最終導致行動的僵化與無從改進。阿蘭說：「行動馴服思想，但也貶低思想至工具的級別」（第35篇）、「行動一方面淨化精神，另一方面卻又腐化精神」（第36篇）。倘若使行動對立於思想是為了換取行動的自由，那麼，《論哲學家》對眾家思想的召喚，便是為了從行動的僵固中再次活化思想。這也是阿蘭將我們指往帕斯卡的深意。

帕斯卡思想中永不止息的懷疑信念將人一再逐出安憩與慣性的舒適圈。他的自由不是因為他未曾立下任何主張，而來自於他「持續地、根本地主張對立」（第18篇），甚至不惜悖反所有自己訂定的思想，因而形塑了主動且強烈的永恆懷疑。這種不遵守任何現實條件與毫無立場的懷疑全面啟動，既不屬於任何固定的思想，亦無法被任何行動所收編。因為懷疑對所有現實處境發動攻擊，倘若思想成為主導，則該以行動懷疑之；倘若行動位居上風，則必須振興思想制衡之。

「懷疑一切」使思想與行動相互挑釁，輪番成為必須被重新檢證的對象，這是阿蘭以《論哲學家》來主張「講求實際吧！腳踏實地吧！」（第30篇）的目的。他凸顯理論與行動的衝突是為了擊潰一切固著、不變或已死的主張，使之重返「有待思考」的處境，這亦是他連結思考與生成（devenir）的核心意涵。因為「思考並非一種安寧的處境，也不是內省的狀態」（第30篇）；使之啟動的方式絕非堅守體系，而是以衝突／懷疑來勃發生機，創造思考再度接近真理的可能性。

由是，我們得以回應亞歷山德勒的猶豫，本書不以學派順序編排，亦非隨意蔓延的想法，作者一再開拓主題的多樣性，卻未曾建立自身的體系。做為貨真價實的教育家，阿蘭餽贈給後繼者的不僅止於知識，而是使之成形的方法。靜止與運動之辨，使思考自別於思想，使人不同於ＡＩ，而現實與抽象、實用與理論總是必須並存。思想不是為了被運用，而是為了通過行動的檢證而翻新，唯有行動才能使思想重返更精進的思考，也唯有思想才能使行動超越當下而挺進未來。

這便是阿蘭內植於《論哲學家》的衝突，與衝突做為一種解決方案的基進思考。

第一部分：智性

ENTENDEMENT

察覺

Perception

01

蒙田說了這件很有道理的事

1924.11

蒙田說了這件很有道理的事，那就是：最不為人知的事，其實是人們最深信不疑的事。對於一段毫無意義的敘述，你能提出什麼異議？那是一種對於奇蹟的神奇看法。關於這個主題，我注意到，奇蹟永遠被描述傳誦，不但如此，我們還只會信得更深。

人並不怎麼相信自己所看見的事。我甚至想說，他其實一點也不相信，而且所謂的看見，反映的正是這不輕信的態度。看見意謂著注視，而注視即懷疑。戰爭觀察家都很清楚，如果率先相信自己所見之事，再也看不見任何事物；因為所有的一切都將對我們造成欺瞞誤導，我們得不斷地釐清，分辨這些荒誕空幻的表象。我還記得，一天夜裡，我被一陣異常聲響所驚嚇，走出我的洞穴；半夢半醒之間，發現自己置身在一座鑲滿鑽石珍珠的廊柱宮殿中。那只是瞬間的影像，我很快便清楚是怎麼一回事：原來，薄霧之中，月光均勻地灑落在結滿冰霜的林樹上。但是，如果我沒有抱持懷疑，可能會一直以為自己看見了童話仙境裡的宮殿。會查證確認之人是懂得持疑之人。我的意思是，他以行動表現懷疑，亦即他鑽研探索。仔細觀察觀察家，因為他意圖將事物全面研究透徹，想觸碰並觸摸他所見之事；看他如何盡其所能地變換位置，以求變換各種觀點。這樣的人一點也不輕信人言，也從未輕信人言。

讓這個人描述他所做過的夢。只是夢境早已什麼都不是，再也不可能觀察；反而是言論造就夢境。於是這名神智清醒的人再也不知該如何懷疑，一點辦法也沒有。相同的結果也會發生在描述一件他沒看清楚的事，一件瞬間即逝或令他驚嚇的事情之時。他不抱一絲懷疑，因為他無法探索。而且聽眾也和他一樣。這時，強調的口吻及熱切的情感便會加深印象。

我甚至敢說：一段真實無欺的描述不可能被恰如其分地了解。一旦敘事者無法對我們呈現事物，聽眾的想像立即瘋狂。所有敘述都是口耳相傳的故事；人們無法加以懷疑，因為欠缺事實。於是，我們了解：一段再經轉述的敘事，而且是誠心誠意的轉述，錯誤反而愈多。印象深植每個人的心中，無可救藥，除非累積了我在此所披露的觀察及其他許多事，養成一種極致的不輕信的態度，基於此，進而對所有敘事一律抱持懷疑。不過，這些觀察也去除了一切對敘事者是否誠實的質疑，結果天馬行空的敘述變成反映人類天性的事實，並且能夠繼續教導我們。這就是為什麼，像蒙田這般聰明絕頂的人完全不挑選他要轉述的敘事，從某方面來看，反而認為所有敘事都能被接受；因為就另一方面而言，他終究對每一則說法存疑。例如，他一點也不想改變任何事；的確，倘若缺乏標的，這類批評便失去時效。因此，人們經常以為這認真的精神輕浮膚淺，以為這位懷疑者優柔寡斷，以為這位不輕信人言的人盲從耳食之談。柏拉圖也屬其同類。少了這些大師，我們奮不顧身地思考，有如野馬脫韁狂奔。

02

我們人人皆如休謨筆下那位暹羅國王

1928.4.20

我們人人皆如休謨[1]筆下那位暹羅國王。當一個法國人說，水會凝固變硬，大象都能行走其上，他立即拒絕聽下去。凡從未見過的，或絲毫不像曾經見過的事物，我們便認為不可能存在。於是，非要別人逼我們湊近細看，想辦法探索調查，讓我們具備不斷經歷該事件的條件，例如在我們北方國家的結冰現象，我們才能放心認定那是可能的、早該預見其到來。但如果事發突然且為特例，如果我們完全沒有閒暇去探究，如果看不出有何辦法可根據我們現有的知識背景來解釋，那麼我們就會被駭人的想法震懾，以為山丘真的會起舞，以為我們無法再信賴這個世界，一切努力終將白費。這種想法，恕我直言，與世界末日和最終審判如出一轍。現在難道不是只剩恐怖或慌亂？一個常人能持續處於這種狀況中嗎？不會從此墜入漆黑的激狂暗夜？

在這與宗教相關的論點上，人的看法幾乎難以捉摸。所以事實上，這位暹羅國王一定信仰他所屬宗教中的各種奇蹟，而那些事蹟驚人的程度並不亞於水變成一塊透明岩石。倘使故事中的法國人先向他講述一則古時某個強大的魔法師的神奇事蹟，我猜，暹羅國王應能從他的習俗中抓到線索，因為他本人也常引用其他奇蹟為例，例如某位偉大的巫師長袍下，一株植物在一分鐘內從根苗長成大樹，或一條被拋入空中的蛇如隕石般地停在半空中。只是堅硬的水完全未被當成奇蹟敘述，反而被形容成一件平凡常見的事，發生在某特定季節，是人人皆能親眼觀察並探索的事。因此，對國王而言，法國人其實並非請他相信，而是邀他去察覺，卻又沒提供實物給他看。也許在欠缺實物的想法和其他想法之間，他已劃出一道分野。從未有獵人在打獵時依循幻想狩獵，如雄鹿都是在守夜監視的夜晚失去蹤跡。總之，在所有國家皆然，一個人若被鼓勵去查證，他便什麼也不再相信。一匹跛腳的馬總是很難賣出去。

沉醉於一段感人又引人入勝的敘事，更甚者，沉醉於一首詩的時候，那是一段奇蹟時刻。此時，沒有任何事物被查證，什麼都不真實；必須相信所有的一切，遊

1 大衛・休謨（David Hume, 1711-1776），蘇格蘭哲學家、經濟學家和歷史學家；蘇格蘭啟蒙運動以及西方哲學歷史重要人物，懷疑主義論者。

戲規則便是如此。然而一旦被納入人世，當成一種可查證的事物，奇蹟就不再是奇蹟。真心虔誠的信徒常不知不覺地想證明耶穌可能自然復活；或者，有種意志力可遠距作用在人類身上，甚至事物上，全憑某種至今甚少被觀察到的氣流。「上帝所做的一切皆合乎自然」，巴爾札克[2]在他看似極富奇幻色彩的小說《于絮爾・彌羅埃》（*Ursule Mirouet*）中，曾寫下這個想法，既具神學色彩又兼顧理性。

尚在不久之前，幾位實證派智士要求一個乞丐，如一場不容質疑的奇蹟似地帶著在倫敦同一時間發行的《時代》雜誌出現在孟買。然而，這是電報就能做到的事，且方法不只一種。而我也不懂為何有人一口認定人類的斷腿不可能重新再長，鰲蝦的腳卻明明可以。在缺乏實事實物的情況下，我們的批評效果不彰，且首要問題並不在於它可不可能，在於它是不是那樣。第一件要做的事是親自去看，否則沒有其他方法可以了解此事。我們很難從可能發生的事情去推理現實，因為我們總想這麼說：「這不可能，所以不是這樣。」反觀我們說「就是這樣，所以這是可能的」之際，我們的推論又非常合理。這即是理性思考的脈絡。

2 巴爾札克（Honoré de Balzac, 1799-1850），法國現實主義哲學文學家。在台灣較為人熟知的作品為《高老頭》（*Le Pere Goriot*）。

03 據說黑格爾面對群山時

1926.6

據說黑格爾面對群山時，只說了一句：「本來如此。」（c'est ainsi）我並不認為他因此找到存在這個嚴肅的想法，當時，在他眼中，這個觀念顯得很純粹。這位詩人處處尋找靈性，依照他自己的說法，他試著將某種浩瀚的神義論[3]（Théodicée）發揚光大。這位絕倫的天才推想得那麼遠的事，我們所有人無不在嘗試。我們想要相信存在能被證明，因此責怪那顆掉下來的石頭，它一點也不考慮別人；責怪那場下個不停地雨，它一點也不考慮別人。對我們來說，掌管六月的朱諾[4]（Juin）是次要的神，祂的任務是找我們的麻煩。「因為神被激怒了。」祭司說。但降雨、颱風、大太陽的分布盲目無理，怎麼會被視為一種懲罰或僅是某種警告？各種元素被動搖，

3 編注：神義論旨在證明，面對世界上存在的惡，上帝仍為美善。

4 編注：在神話中，朱諾能使雷聲大作、狂風暴雨肆虐、四季變換，當然，她也可令一切天災瞬間停止，端看她與朱比特兩人的婚姻生活是否美滿。

互相摩擦碰撞，這裡出現龍捲風和暴風雨，那裡閃電霹靂。別在這些基本運動中尋求某種意義，它們想怎麼舞動就怎麼舞動；我們應該自行解決，提出應對計畫，划動我們的小舟。

群山的景觀（spectacle）透過這必須繞行的龐然大物，多少給人一種事業已竟的意念。但它這種無法移動的特性再次引起我們產生錯覺，因為我們已經習慣了；而且由於認為本來就是這樣，我們自以為明白它不可能是別的樣子：這些起伏的群山峻嶺有某種實質存在感，我們會把它們當成人類個體，然而它們只是一堆又一堆的山頭；每顆小石頭，每一粒沙，處處受到撞擊，留在留得住的地方，最後一點也不留。儘管如此，必須長時間關注，才能看出山岳的流動。堅固的事物總展現出某種面貌致使我們產生誤解。眼中只看得見平地的人總是迷信，他在這些持續存在的事物中尋求某種意義。就連江河也永遠流往同一個方向。若要對純粹的存在形成某種想法，應該去看大海。面對大海，一種形態為另一種形態消滅，一個瞬間被另一個瞬間抹除。正想對海浪說話，它卻已不復存在；海洋裡所有的一切皆搖動，沒有任何特定目標。每一滴海水，一會兒擠到東，一會兒推到西；每一滴海水皆由其他水滴合成，無須費力尋找罪魁禍首。這裡是不負責的天地。每個部分都把我們推諉給其他部分，完全沒有任何中心點。「如此寂靜的喧囂」[5]；近日那位詩人是這麼形容的。你若有能力，請衡量這句話。於是，人類終於聽懂這什麼也沒言說的呢喃。

人，聽懂很久了。多少世紀以來，水手一直信任著這件事：它沒有任何目的，什麼也不知道，成分互相碰撞，無窮無盡。在這方面農夫則顯得膽怯；他憂心忡忡，因為懷抱希望。水手評估這片流動的大海：大海顯然沒有計畫，也沒有記憶，而且因為大海不能給他任何指望，所以他只能靠自己。「第一個將自己、自己和小船交付給海洋的人，他的心臟被三層銅牆鐵壁包圍」；拉丁詩人[6]如是說。但這是屬於農夫的看法。在這浪潮邊緣上，反而應該練就膽識，因為浪頭之上才足以看清那兒沒有什麼可看的；如此全面的無差異給人信心，因為，面對這無意加害我們，也無意為我們好的洶湧動盪，承受宿命的念頭反被消除。地勢形狀事先將我們可以做的事都解決了，於是有了異教徒的生活，也就是說，農民的生活是依據允許或禁止來運行。海洋向我們揭示另一種法則，對有膽識的人來說，重要的是工具和方法。因

5「Tumulte au silence pareil」，擷自法國詩人保羅．瓦雷利（Paul Valéry）詩作〈海濱墓園〉（Le Cimetière marin）。

6 此語出自古羅馬詩人賀拉斯（Horace）的作品《頌歌》（*Odes*）。

此，無論堅實與否，皆必須反覆思索，並評估這無盡延展的存在，不完美也非不完美的存在；它一點也不愛我們，一點也不恨我們，它不過是機械化地存在；於是，在我們掌握了盲目的遊戲規則後，即可管控它。人將純粹存在的範疇擴延得愈廣，便愈接近它，甚至看見它在人類世界及他自己的生命中流通；且也愈強大。

04 最近人們紀念了史賓諾沙

1927.3.20

最近人們紀念史賓諾沙[7]；我的想法與這些充滿敬意的演說合而為一；也許，在這位博大精深的思想家以前，從來沒有任何共和子民如此堅定果決。而眼見一位偉大的靈魂拒絕一切權勢，堅持公平正義，亦是極其美妙珍貴的事。關於制度，關於這不容瑕疵的公開透明，有太多可言說，擠在這些單張的報紙夾頁裡，則顯得太沉重。

然而我想說：心靈和肉體的結合難以表達且可疑，笛卡兒的姪孫們仍將視之為異類，因為從此之後，靈與肉兩者都將難以分辨。衝撞、摩擦和那絕對屬於外在的需求，這巨大的組合以海洋為意象。海洋別無所求，只是一片會動的生命塵埃，只是滑動和捲動和回流和搖晃。透過這巨大遼闊的組合運作，我想，我知道何謂存在

7 編注：巴魯赫．史賓諾沙（Baruch Spinoza, 1632-1677），西方近代哲學史重要的理性主義者，與笛卡兒和萊布尼茲齊名。

之法則，也知道它沒有預設目的。這組合之中完全沒有計謀，也沒有任何形態的心智作用，我希望如此，且堅持如此。這種無差異性屬於船隻，而這份無分別的心則為航海之人所持。而如今，這一切更提升到神的境界，也就是說有了價值，然這就過分了。笛卡兒的廣延觀念卻因此遭到否定；我們又回頭來將物和心混為一談。物的部分知道該往哪裡發展，並以機械性的方式運行，帶來已設定好的未來、不可改變的宿命。無論心達到何等完美的成就，與之對立的，仍是機械以及所有嚴謹校準之理念。一切皆已底定，一切都設想到了。笛卡兒這位英雄哲學家遠走高飛，將宇宙一分為二，甚至切成三份：機械、領會、意志；優先注重的是正確地描述人類的處境，讓神去完成最終的體系。這是另一種形態的虔敬，不算小的虔敬。

巴爾札克在轉述一名旅人驚人的言論時說：沙漠就是沒有人的神。這個說法有助於了解猶太教和穆斯林信仰，總之，了解東方這個單位，那也許是精神的鴉片。面對一片由沙粒和岩石所形成的無垠大地，置身遼闊的蒼穹之下，人感到自己渺小卑微，僅在憤怒時才會行動，而那也算是一場沙塵暴。因此，由於反射行為，出現了這種伏地膜拜的禮儀。再更深入思考之後，又有了對這種無上全能的熱愛。

面對屬於海洋，盲目且易於操控的另一種需求，希臘人則過得比較自在。由此也產生了這座政治意謂濃厚的奧林帕斯，眾神在此爭吵，致使理性行為帶有一點遊戲趣味。而我頗喜歡神諭這種隱晦的遊戲，繞著它們打轉如同繞著暗礁打轉，根本什麼也看不見。於是，人回歸自我，於是，蘇格拉底終於鼓起勇氣思考。認清無知，認清力量，評估風險。尤里西斯就是這樣登上菲亞西人的島（Phéaciens）。過完這關過下一關，永遠不要光說不練，這是簡短而有力的智慧。愛比克泰德[8]直白地說：「別怕這片大海，兩品脫的水就足以淹死你。」順著這個想法，我會說，游泳的人要征服的從來就只有這兩品脫的水。宇宙如此之大，也根據我所占據的一小處空間對我施壓。我將之分切，並以這種方式擁有它。對這種人性分寸的想法及堅持，笛卡兒的漩渦和史賓諾沙式的開闊思想之間，愈發顯現出深深的差距：後者認為，海浪與所有其他的一切皆如一座由各種幾何平面構成的巨大水晶，哲學家被壓扁，囚禁其中，宛如植物標本館中的一株植物。這是以上帝的角度所進行的思考。但是，思考時，首先該依循的應是人類的角度。

8　愛比克泰德（Épictète, 55-135），古羅馬斯多噶派哲學家。

05 世界並非一幅景觀

1933.7.25

世界並非一幅景觀。愈想將之簡化成景觀，就愈脫離現實，我們也會愈脫離思想。曼恩·德·比朗[9]擔任貝爾傑哈克地區（Bergerac）副首長期間，從辦公桌所得到的存在感遠多於你閱讀一部印度遊記所能汲取到的，這是因為他倚在辦公桌上，用手引發了這件日常用品的反作用力。但在訪客的眼中看來，那張辦公桌只不過是一張辦公桌，跟人們提到一張餐桌、一座城堡、一片風景是一樣的。一個倚在辦公桌上的人所做的功並沒有多少，然而，這個阻抗點（point de résistance）卻曾是一整個世紀的思想中心。而且僅是一個開端。當工具張口鉗咬，適應事物，並改變事物，那麼世界的確積極頑強地存在。反之，純粹只是思想的思想，一點也不會受到阻絆。那是文字之間的戰場。

可以這麼說：當天塌下來的時候，世界果然實實在在地存在。對，但那可不是可以慢慢思考的時刻。存在來勢洶洶，我們捍衛自己，抵抗一群狂吠騷動的狗。工作提供了更多的區別分類。在做想做的事時，人才會發現，他所做的並非他所想要的，這讓他感受到工具和胳臂的存在。那是世界的另一種呈現方式，不再是景觀式的呈現。我們自己營造這種呈現，自己斟酌調整，證明人類的極限。這不是要說工具有教導的作用，那不關工具的事。我會這麼說：有效的工作如同融入我們所有思維中的一粒鹽。花園不會教導散步的人，但會教導園丁。如果園丁的思緒能離開他的釘耙，飄得夠遠，圍繞所有的世界，這名園丁將成為偉大的哲學家。曾有那麼一天，我，犯了職業通病，輕率冒失地發表了這個意象：「被鎖鏈捆綁的正義辛苦推磨。」一名園丁為此寫了一封信給我，敘述他做過的一場夢。在夢中，他解除了正義的鎖鏈。他說，那些鎖鏈是黃金打造，被他用來套掛在驢子上拉車。於是他出發了，前往一趟偉大且美麗的旅行。

柏拉圖；在這封一個人寫給另一個人的信中，我立即認出他。他懂得運用計謀，用他的方式鏟土翻地，總能對抗某些阻礙，宛如老奶奶的童話故事。而他的技巧，人人都看得出來，即在於將別人所敘述的事全部敘述一遍，放入所有細節，當

9 曼恩．德．比朗（Maine de Biran, 1766-1824）法國哲學家，起初為感覺論者，後來轉向理智主義，最終成為神祕主義的神智論者。

成一件事物般描述。如此一來，他延緩了思路開始理解的危險時刻。人們理解得太快，這將造成思想貧瘠的庸才。無論如何，在柏拉圖的學說中，世界存在，人也存在；但是，值得注意的是，政治完全不存在。柏拉圖的律法不能與萊庫格斯[10]或梭倫[11]相提並論。因為柏拉圖拒絕擔任國王、訴訟代理人或執達員，所以，訴訟案件的阻力以及為了改變而服從之必要，他的感受不夠深刻。盧梭曾偶然擔任大使祕書，意謂著他得撰寫通行證並收取費用。我無法衡量他從這場經驗中汲取了什麼。而柏拉圖也曾有過這樣的想法：沉思者在一、兩年後應被抽離沉思，並且一生如此，因為他被勒令去指揮一組艦隊，對魚販解說法律及諸如此類之事。不過這還僅是間接的工作、二手的經驗。政治的真實面是阻抗的世界。所有的一切在此碰來撞去，地面凹凸不平。

如果一個物理學者曾仔細思考他熟知的那則定律，應能多少了解我們的苦惱，甚至關於籌碼的問題：速度加倍需要四倍的功，而且這還是在最適當的條件下，至少需要四倍。因此，以兩倍的速度前進，你會得到加倍的成果，但你只是讓成果加倍，並不足以彌補四倍的付出。你一邊工作一邊損失。很好。然而，物理學者雖知道這則定律，卻不足以相信它；因為他本身的立場是要設想毫不費力便能取得的高速。他重組世界，但這幅景觀未達存在之境界。當我讀到飛機即將遭遇音速障礙，甚至在那之前就達到極限，我感到欣慰。不過還是該知道飛機早已四處碰壁，該知道人們為破空飛行付出多少代價。所有的努力，例如極其精準地逆紋黏合許多小塊木頭，並從中切割出螺旋槳，這些皆是高速破空專家們的工作。我不想一一細數金屬和礦物、布料以及種植繩索用的麻類植物；我錯了；不過，若我將這些項目一一列舉出來，我付出的代價只是一點墨水而已。對我來說，這做功的總和說服力仍不夠。飛行員被機翼舉高，但我的臂膀對此並不內行。景觀。而飛行員還有很多其他事要考慮。速度摧毀我們，進而使我們盲目。飛行員揮霍他人的努力，無法確實感受阻力。簽支票的人感受不到任何阻力。一千法郎或一百萬法郎，在筆尖寫來是同樣的事。

10 萊庫格斯（Lycurgue, 700 ?-630 BC），古希臘時代的斯巴達王族，據傳是斯巴達政治改革、斯巴達教育制度以及軍事培訓的創始人。

11 梭倫（Solon, 638-559 BC），古代雅典的政治家、立法者、詩人，為古希臘七賢之一，在西元前五九四年出任雅典城邦的執政官，制定法律，進行改革，史稱「梭倫改革」。

06 宗教大會造成唯物主義凋零

1912.8

宗教大會造成唯物主義凋零。一種正確的定義應受到更有價值的重視。畢竟，那種欠缺戒律的唯靈論[12]也不純淨。「一切都充滿神明」，一位古人前輩說。當帕斯卡[13]寫下「這無窮盡的空間裡，永恆的寂靜令我恐懼」，表達的完全是與此相同的想法；因為這意思是：「神明根本不回應。」盧克萊修[14]讚頌他的導師伊比鳩魯（Epicure）為人類帶來這個自由解放的想法：暴風雨或雷電之中，根本不含任何意志成分，而且日月蝕象的神祕其實和我在地上的影子並無差別。對於現象的形成機制，這種想法明確、有魄力且正面有益，因為所有神明都被人類的鮮血玷汙，至多只是最可怖的野蠻崇拜熱情。恐懼造就巫師，又將他們活活焚死。憤怒創造出復仇之神，然後打著祂的名義發動戰爭。瘋子便是如此，他實際展現各種熱烈情感，自行提供情感宣洩目標的樣貌，然後依此樣貌來行動。仍是那同一個道理，在黑暗的迷信史中，人人根據自身的熱情來塑造神明，並以遵奉祂們為榮。虔敬誠懇，而這正是最糟的部分。當我們的熱情具體化身為真正的事物、真實的世界；化身為神諭以及世上超越人類極限的意志，便已說明了一切。狂熱主義是人類最可怕的災厄。

所以，這是一個偉大的想法，或許是最偉大也最具啟發性的想法：那些舞動的原子，沒有任何思想的小物體，只有期限和形狀，有的圓，有的帶彎鉤；它們的運作形成了我們周遭這所有的景觀，甚至我們的身體，甚至我們的熱情。畢竟，偉大的笛卡兒以及在他之後更出色的史賓諾沙，已深入進行至這層關鍵思考：即使發生在我們身上，即使回頭波及我們，我們的熱情仍有如狂風暴雨；也就是說，有如受引力移動且搖搖欲墜的原子之洪流，迴旋、翻攪、摧毀了他們所提出的出色證據。而這即是唯物主義智慧的第二階段。在否定了「上帝的旨意」及天空中的預兆或警示之後，憤怒的人類竟進而否定「我的意願」，還告訴自己：「這只是發燒和血氣上升，或是力氣無處可發洩；多睡點，或者要注意控制體重。」

12 編注：唯靈論興起於法國十九世紀中葉，其假定靈魂不死，只是暫時居住在肉體中。
13 編注：布萊茲・帕斯卡（Blaise Pascal, 1623-1662），法國哲學家、數學家、物理學家。
14 盧克萊修（Lucrèce, 99 ?-55 ? BC），羅馬共和國末期的詩人和哲學家，以哲理長詩《物性論》（*De Rerum Natura*）著稱於世。

但是，從這些直爽的提議及清楚的感受中，誰看不出來是靈魂贏得最漂亮的勝利？基本上，沒有人會懷疑。思考、減少錯誤、平息熱情，這正是意願的表現，也是戰勝人們自行定義的盲目需求。我知道陷阱不少；有時候，接收了唯物主義思想卻實踐得不夠徹底，也未曾透過自己的意願去創造他的人，經常反而被這另一種神學理論擊潰、制約，表示沒有什麼可以反對什麼，一切皆平等，不好不壞，沒有任何進步的可能。彷若一名泥匠尚未出門就先把門封死。但這種危險比較是理論性的，不那麼真實。事實上，我知道在老派的唯靈論者中，十個有九個會崇拜熱情，懷抱戰士的狂熱主義，導致崇拜物質性的力量；反觀不拘小節的唯物主義者，十個有九個勇於追求公平正義，宣告道德力量的到來。

分寸

Mesure

07 在太陽戰勝烏雲、喚醒熱情及瘋狂的時刻

1922.3.26

在太陽戰勝烏雲、喚醒熱情及瘋狂的時刻，該明白每個人的思想是平等的。若懂得從人類歷史中辨識人性，便更容易明白那一次次置人於死地的憤怒怎麼會爆發；那想必是為了藉著隱喻，表達某種神學的或形而上學的制度。地球各地皆曾出現顯靈、妖法、著魔、活人獻祭等事蹟；有鳥類占卜，也有內臟占卜，犧牲山羔羊並奉獻給水源、暴風雨雲、春臨大地的各種力量。在這之中，我們卻必須能夠看出笛卡兒也具有同樣幼稚無知且混亂無序的思想。野蠻民族的思考驍勇無畏，此事清楚無疑。成千上萬的人都曾相信，如果一顆岩石砸中地上某個人影，等於傷害了那個人。這種奇怪的論調當然不是透過經驗累積而得，反倒是對影子的一種錯誤看法——將影子視為每個人觸摸不到的分身、某種類似靈魂之物。於是，許多居住在赤道附近的民族認為，正午時分暴露在太陽下很不吉利，因為在那個時候，人幾乎沒有影子，這很清楚地意謂著靈魂正在死去。值得注意的是，這種認知並非全然錯誤，

因為正午的大太陽也的確毒辣，只不過不是他們所相信的那樣。這類憑空幻想出來的概念唯有一種方法可治，那便是以真正的形成原因看待影子，即仰賴幾何學和光學。但人們也看得出來，這個辦法和災厄扯不上關係，全然不若藥方；如果為了治療我那受到侵犯的影子，我搬出歐幾里德的理論，蠻人反而會視我為瘋子。這些天真無知的人深受一種想法洗腦折磨：在這廣大的世界中，一切的一切互相牽連。這個想法強大有力，是所有真實知識的源頭，卻也是所有錯誤的起源，正如占星術所帶來的現象；我們的存在的確與天體現象有關，但並非所有的一切皆同等相關，也不是如他們所信仰的那樣。

這樣的思考負擔令人痛苦，不久後便讓人惱怒。我們每個人此時此刻皆背負著歐洲的重量、俄國的饑荒、各種和約、各次入侵；我們無法整頓這個動盪不穩的世界，在那些混亂無序的奇幻夢想中，任何一點評價都能轉變的世界。不久之前，我觀察到一個喜歡大放厥詞的男人，他想為其他人解釋這些事，不過很清楚的是，他的講詞和動作中只有一種想殺人的暴怒，並以學院派的辭藻表現出來；除了犧牲成千上萬甚至上百萬的人命，他完全看不到其他解決之道；想必他已準備連自己的親生兒子也要丟上祭壇。而這一切，依我之見，皆歸因於那份想一併思考許多事物的強烈欲望，以及沉思的阿特拉斯[1]之怒：世界根本不是扛在他的肩上，而是在他的腦袋和整個身體裡。無論如何，這個男人得以表達，並自以為大家都聽懂了，結果他那些凶殘致命的表態並未殺死任何人。

西卜女巫[2]的激烈狂怒最接近我們的熱情，可惜我們不願相信。那陣陣抽搐表現出一種完整的思想，而且保證真實，因為我們每個人都扛著整個世界和即將到來的未來；不過，理智需要繞一大圈才能條理分明且適當地談論這件事。這正是泰利斯[3]利用影子測量金字塔時所進行的研究。但布賽法勒[4]對自己的影子感到恐懼；影子呈現出牠自身的可怖動作，是那些放肆靈魂的影像，他們想對一切付出同等的關注，並希望將一切以單一動作表現出來。而布賽法勒的鐵蹄毫不在乎任何人的腦袋，我認為，甚至，如果被牠遇上的話，連亞里斯多德的腦袋也不例外。

1 編注：阿特拉斯（Atlas），希臘神話中的擎天神，被宙斯降罪而以雙肩支撐天空。

2 西卜女巫（Sibylles）泛指古希臘的女先知。通常被描繪成年邁的婦人，在迷醉狂亂的狀態下滔滔不絕地講述令人著迷的預言，被視為神與人之間的媒介。

3 泰利斯（Thalès, 625-547 BC），古希臘時期哲學家和科學家，米利都學派的創始人。

4 布賽法勒（Bucéphale），亞歷山大大帝的愛駒。

08 笛卡兒大膽地將觀念與經驗分離

1936.2.3

笛卡兒大膽地將觀念與經驗分離。瓦雷利[5]也曾以相近的字眼來定義思考這項工作。這麼一來，我們可遠離培根[6]那些簡單浮誇的文藻；他眼中只有經驗，除了經驗，還是經驗。然而，笛卡兒仍為世人所閱讀，並擁有兩、三位忠貞的追隨者。群眾則跟隨培根奔馳。我甚至還記得：其中一頭羊毛最豐盛的綿羊寫了一篇文章，證明培根和笛卡兒其實說的是同一個道理。我們這位菁英就這麼急急忙忙地投入貪求方便的陣營。這條路急轉直下。只需一組鏡子，愛因斯坦便突然用幾道一點意義也沒有的公式取代我們所有的想法。扭曲的空間和局域的時間（temps local）狂歡起舞。我認識一位聰明的老者，他在自己的腦袋裡灌輸這些新產品，如今他整個人看

5 編注：保羅．瓦雷利（Paul Valéry, 1871-1945），法國象徵派詩人。

6 培根（Francis Bacon, 1561-1626），英國哲學家、政治家、科學家、法學家、演說家和散文作家，古典經驗論的始祖。

起來太過年輕，簡直嚇人。他們還宣告更美好的未來，因為，心理學者群中有一頭毛已掉得差不多的羊，正著手編寫一部人猴辭典。多麼耳目一新！多麼出人意表！這下可夠吃三頓羊肉晚餐了。

在新事物輕易被視為合理正當的此刻，我該往哪兒去？而我心想，既然此時我們能懂猴子的語言，又把自己的觀念變得顛三倒四，自由表述的思想將成為主導。當然，若是人們推倒柏拉圖和笛卡兒的老舊破屋，便等同於發動革命，白銀牆壁也將破碎成塊。有了廣播，誰都能明白，古老的奴隸制度無法再生存下去。我不確定人們是否是出於一片良善美意而到處宣導，號稱牽引四處的電力應能消除政治的烏煙瘴氣。可惜，真相適得其反。那些再次發怒的人要我們繼續被綁在政治鎖鏈上，運用歡呼喝彩的力量和蓖麻油，並以工業模式大量製造革命。而我們這些赤色紅驢、管不動的人，是什麼令我們擺動耳朵？那是因為我們仍依戀伊索和蘇格拉底，他們的思想比街道還老。整個機器主義（machinisme）大張旗鼓，喧天價響，宛如諾伊市（Neuilly）的遊樂園，卻是白費力氣：我們並未因此萌生放棄核心思想的念頭。我們一點也不願相信眩目嘈雜的速度感曾稍改主人和奴隸間的衝突。我們追尋平等，但尋找的範疇不在淹沒普通常識的光年和原子的繞圈旋轉裡，而在古老的運算法和幾何學以及阿基米德和伽利略的機械理論之中。在他們面前，人人平等。蘇格拉底讓一名小奴隸回答正方形的邊長和對角線的問題，而這種行為是一場革命，非常緩慢的革命，但始終不停地戰勝特權，並讓特權人士恐懼。笛卡兒曾寫道：「常識是這個世界上分配最為公平之事。」

因此，指使奴隸的人從古到今甚至未來都這麼說：「多蓋一些職業學校。在那裡，每個人都要學習從事一種職業。這就是常理！」然而，請注意：當這種職業是調整電算機或架設好一台接收機時，並不會對啟發心智更有助益。我想表達的大致如下：整個經驗哲學（philosophie expérimentale）正好違背了公平原則。畢竟根本不該在經驗中尋找公平的法則：「永遠互相平等，一個人絕對不是另一個人的手段或工具。」因為，相反地，經驗不斷否定公平公正。所以致富的是誰？掠奪征服的又是誰？是誰建造現代的學校？始終是操弄不平等，並且從中獲利的那個人。對手是孩子的時候誰不會贏？沒錯，但這是不容許的，永遠不容許。

「你又怎麼知道？」易怒的人提問。這可不容易說明。但至少，我們可從笛卡兒的孤獨中尋找答案，就在他對數字及運動定律的研究中，根據他本人的評斷檢視他的想法，而非根據祕魯或西藏的新聞消息。因為我們必須承認，數字串的形成完全不仰賴經驗，而星體的光譜也不能讓人在十二和十三之間找出一個新的整數。這類省思重建心智之核心，讓人明白：仔細思考並不是向經驗低頭，反之，應秉持仔細思考的法則去思考經驗。這並非意謂我們單憑思想便能知道衣索比亞的深山裡是否藏有金礦；不，這件事要靠經驗來告訴我們。不過，三角形的所有測量及計算絕對不需仰賴經驗，不僅如此，反而透過這些測量使經驗成立。既然心智因此自訂法則，這有助於認為公平公正並非一場變化無常不留痕跡的夢，相反地，是一種絕不屈服的觀念，足以闡明經驗。事實上，完全不將純粹的公正如燈籠般高舉的人們不會知道自己看見了什麼。舉起你的燈籠吧，人民們！並小心別讓風吹滅。

09 孔德飽讀各種學問

1922.10.16

孔德[7]飽讀各種學問，卻懂得如何超越這些學問；我的意思是，不僅列出它們的秩序，更要將實證主義的整體知識維持在適當的地位。他甚至說，未來的人類將不再為天文學家、物理學家，甚至社會學者的繁瑣研究付出大筆代價；一旦生活得以溫飽，他們只會特別在意審美遊戲。然而，科學理應連結各式才智，因為唯有科學足以成就。不過，仍要透過全體人類的美妙作品，才能塑造一個人。基於這些觀點，孔德這位綜合理工學院教師耗費在閱讀詩歌上的時間多於觀察星體。這種轉換令人訝異，畢竟我們普遍認同科學賦予智慧。就某種意義而言，確實如此，但我們應該更仔細看待這種一般說法。

我認為應該採取伊比鳩魯和盧克萊修的做法，在物理學中只需找尋治療瘋狂盲

7 編注：奧古斯特・孔德（Auguste Comte, 1798-1857），法國著名哲學家，社會學、實證主義創始者。

信的藥方。這些瘋狂的信仰只在我們不明真正原因時才會起作用。天空中的彗星不會為我們帶來任何災厄，而日蝕以及隨之而起的涼風頂多讓我們打噴嚏。所以，如果我們未曾因此捏造出一種混淆不清且危險的想法，那麼，對我們而言，去了解這些現象的真實情況一無是處。那些徵兆發生之際，我們的思考生病了，於是產生焦躁、反抗、復仇、屠殺。如果我們只學習如何透過形成黑夜及白天的理由去設想蝕相，或者將彗星的出現及回歸歸納到天體運動的一般法則之下，那就毫無藥方可言。而從這些例子之中，我們可以看到，不需要每個人都有能力精確計算蝕相的時間，或重新修改哈雷彗星的軌道，那可是七十頁的辛苦演算。關於蝕相或彗星拋物線形的墜落，只有了解其中運作機制的人，才能免除一切迷信所造成的恐懼。甚至，對絕大多數的人而言，只要預言或目前深植我們心中的普遍意見經過證實，這些計算出來的預測便能成立。驚慌與騷動皆平息。當時我年約七歲，家家戶戶出門散步觀賞彗星，如同前往音樂會或馬戲團表演一樣平靜。從此可見，在這些研究中，有一種奢侈的精準；而我們不會因而得到任何新的好處，演算專家也不會，除了他每個月的薪俸之外。一旦一個人打定主意不再相信沒有證據的事物，他便從科學得到一切獲得心靈平衡與幸福之所需。擺脫迷信和狂熱主義並不是件容易的事，但光做到這點還不夠。我們的激動情緒仍有其他形成原因。

藝術，這種應該認真觀賞的文雅更貼近我們，也更直接且深入地教化我們。詩歌、音樂、建築、繪畫，皆是我們真正的禮儀導師。所以，信仰崇拜仍是正向求善的主要工具，但必須是淨化版的崇拜，掃除玷汙雕像的血腥錯誤，而其實那是想像導致的瘋狂靈魂所鑄下的錯。而且崇拜的作用只有在不知道真正原因的情況下才生效。因此，那將是崇拜沒有靈魂的雕像，因為靈魂已在崇拜者身上找到避難所，一如所有鬼魂皆躲在我們的記憶中。於是，一方面，純淨的靈魂去除了最卑劣的錯誤，凝視形態純淨的雕像；另一方面，這種形態本身規範著我們的行動，繞了一圈之後，賦予我們較有智慧的思想。宗教就此實現成真。

10 我對同類的看法

1927.5.20

我對同類的看法是一種看法。此事非同小可，因為他與我的差別撲面而來。根據他的形體及動作，他那無法模仿的說話方式，他曾經見過及其眼中所見之事，他擅長做的事，以及他身上那個我所不知道的祕密世界，我知道那是他人也是外人。但我希望他與我相似，成為我的同類；我試圖使他變成這樣，我完全不讓自己被拒於門外。

透過幾何學，我認定他是我的同類。蘇格拉底曾完成一件大事：那一天，他在沙地上畫出平方和對角，他說明的對象不是阿爾西比亞德斯[8]也不是美諾（Ménon），亦非哪位顯赫貴人，而是一名披著長袍的小奴隸。蘇格拉底透過這種方式尋找同類，在社會養成的生存孤獨中呼喚對方。於是他塑造出這另一個社群，聚集他的同類；他邀他們加入，追蹤他們，卻不能強迫他們，既不能也不想。被迫模仿的人在我看來有如猴子一般奇怪。為討好而模仿的人卻也沒強到哪去。蘇格拉底所期待的是，那位他者就是他自己；一樣自律，不相信任何人，也不奉承任何人，僅專注於普世通行的想法。基於這一點，他們互相認可，宣布彼此平等。另一個社會於焉現形。

音樂與詩歌的效果更好，因為肢體亦投入其中。人全神貫注，在運動、數字、協調、對稱之中找出他的幾何型態已是豐富收穫。但另一項奇蹟在於，生命這場遊戲和抽象的理性協調配合，高與低取得和解，雙方皆然；這造就了一個偉大的時刻，一種最刻骨銘心的認同。這不再是人類心靈的相遇和經驗，雖然那已經很美；而是人類本性的相遇和經驗，也就是說，已存在的人性。於是，遼闊且不可見的社會變得可以感受，彷彿亦存在於建物、繪畫、圖像周圍，在這座迴響著不陌生的奇怪腳步聲的博物館裡，顯得更加寂靜。我的同類做出這些重大見證，立即將我納入社會，連結到我不認識的那個人、那個已經去世的藝術家、那支孕育出那位藝術家的民族。人類群體於焉存在。

在藝術領域中，我未發現寬容，在幾何學中也沒有。這件事拯救我脫離可悲的友誼，那類友人似乎想對我說：「你是他人，我也是他人，我們彼此忍受對方，只

8 編注：阿爾西比亞德斯（Alcibiades, 450-404 BC），雅典政治家、軍事家，據稱他是蘇格拉底的同性愛人。

因為我們沒有更好的辦法。」由於這份寬大，所有上天的恩賜皆提早喪失。偉大的友誼和兄弟之情的條件更嚴苛。歌德（Goethe）曾說過這番可敬的話：「原諒所有的人，甚至那些你所愛的人。」這話說得令人敬佩，因為人們無法奉行。畢竟，假如有個人表現出對藝術無感，或面對幾何學時退縮不前，你即便輕視他，也無法讓自己得到安慰。或許，這是對他要求過度了；但我們也沒有權利再降低要求。最美好的狀況是，態度盡可能嚴格，但不能強迫，因為我們要的是自由的人。我們想要的是他自然形成的模樣，這才是我的同類。他可以拒絕當我的同類，而我，我希望他是。我對他迎面拋出的，宛如潑在熟睡之人臉上的一盆水，那是我的保證：假如他願意，我會把他當成我的同類；我的同類與我的模範，是的，僅需一個動作，來自神智，或來自內心，或兩者皆是。而我等待，依循克勞岱爾（Claudel）美麗的意象，我等待，如摩西以長杖敲擊岩石之後那樣等待。等待一個可憐的人，甚至一個可憐的孩童，很煩人也很嚴苛。這類型的苛刻是世界上唯一的好事。慈悲並不施捨，它提出要求。

11

我們思想的演進過程在歷史上已有完整描述

1921.5.20

我們思想的演進過程在歷史上已有完整描述，因此，已有真正的方法。我同意。人類精神逐漸成形。我喜歡跟進其發展，在我看來，沒有任何其他方式可以孕育想法。即使在初期，想法仍應是想法，如血緣與生命。就像孩童在長成大人後應該仍能找到自己，找回完整的自己，早期的夢想沒有一項被遺忘、被輕視；相反地，全部得以實現，其中所有珍貴的部分皆得以發揮。不過我發現，那些小鼻子小眼睛的歷史學者卻正好想提出相反的證明：經過一個又一個世紀，人類承認自己所犯下的錯誤，並將它們拋棄。這彷彿在說，托勒密所建立的體系為哥白尼抹滅；但那學說根本沒有被抹滅，反而是得到證實。古代先人希望星體的軌跡畫成圓，他們已踏上正確的道路，而得到橢圓的我們則走在更正確的路上，不過那始終是同樣一條路。橢圓是從圓衍生出來的，因此，指出星體的移動軌跡並非圓形，這般觀察唯有在假設為圓之時方能成立；而在今日，擾動現象也只有在假設為橢圓的狀況下才得以觀察到。依此類推，直至現在，要研究天文學，依然只能先觀察星體的表面，標示出兩極、赤道、子午線，和最早的天文學家們所進行的別無兩樣。一開始就學習哥白尼體系的人；他什麼也不知道，因為他並未依循人類的道路。他一下子站在大太陽下思考天空，即使從身體離不開的地表抬頭仰望，也無法看清那些外表特徵，無法釐清所感知的一切。他的想法只能紙上談兵。這類學究書呆子確實存在。

就我所知，有兩位思想家對歷史抱持肯定的想法，而非負面否定。他們處於同一個時代，只是持不同的說法，彼此互不相識：我們法國的孔德、萊茵河對岸的黑格爾。兩位皆是學問淵博的大哲，在我看來卻太不為人所知。每一次，我因為受到牽引而偏好其中一位時，另一位便會把我拉回他身邊，以至於我最終不得不認為他們說的其實是同一件事。而且兩人各自竭盡所能，證明托勒密和哥白尼的研究是基於同一種思考。在我想相信黑格爾更能掌握宗教的深度或藝術作品的意義時，另一位金頭腦立即對我示意，然後，經由較枯燥荒蕪的路徑，引領我凝視同一幅由想法、民族及神廟殿堂組成的風景。因為，綜合理工學院的金頭腦說，崇拜星辰完全沒有錯。人類的命運確實與星辰的運行息息相關；我們所有人的生活的確緊密依賴日出日落、四季變換、潮汐、風和雨；而且，就連古代的占星學家也沒想到事實如此之真。但是，所有的一切皆彼此相關，彷彿被看不見的線牽連；他們抱持著這種堅定的想法觀察星星，最終不可能不發現幾項真正的關聯。所以，朝天空祈禱，先追尋這方面的祕密、靈光、能量和平靜是正確的舉動。今日的祈禱詞只是修改得較流暢，但最初的想法並未遭變動。我說什麼？未遭變動？其實它變得更豐富、完整、確切，不僅有野心勃勃的希望，還找到了更具體的內容。而這個想法，逐漸掌控人心，而且掌控的力道愈來愈強。這種強效食糧，由族群研發，對個體有益，對他個人的實際發展來說是不二之選。那些說古代物理已被擊倒、歐幾里德的幾何學已然過時的迷失心靈，我邀他們坐上神的餐桌，共享蜂蜜佳釀及眾神美饌。

12 這是我自創的一頁歷史

1909.12.1

這是我自創的一頁歷史，而且無論如何真實不虛。事情發生在西西里島，或那一帶的某個地方。畢達哥拉斯在講解一些數量方面的深度課程之後，稍作休息，轉而談論起關於公正與否的高貴論點。我想像那些談話的地點在某個芬芳的花園，或者某座海岬上。門徒群眾中，我想加入柏拉圖以及他那旅人的靈魂，或許還有阿基米德。歷史學者制止我再繼續，他說，這些人物在當時不可能相遇。難道我得跟這個沒文化的歷史學者解釋相遇的方式有很多種嗎？嗟！他還是去研究編年史吧！

那是一個夏日的夜晚，也許，像昨晚一樣，月神從天空的一側輕移到另一側，介於戰神（Mars）的火星和農神（Saturne）的土星之間。祂們的目光想必早已落在起伏的地勢和滔滔江河上。在祂們朝人類的命運伸長手臂之際，星辰運轉，太陽終於出其不意地露臉。我喜歡想像：那天早晨，蟬鳴與蜜蜂共譜一場美妙的音樂會，一名牧人吹起牧笛，山羊脖子上的鈴鐺也加入奏響。就這樣，思想家和他的弟子們踏著輕快的步伐步入歸途，隨時可迎接辛勤後的報償。

哆！米！索！轉了一個彎，來到村口，打鐵匠的鐵鎚組唱了起來。若不是這些偶發事件，我們恐怕什麼也發明不出來。哆、米、索，里拉琴的和弦！畢達哥拉斯停下腳步，掂了掂各支鐵鎚的重量，發現它們之間的重量差都是簡單的整數比，於是突然辨認出和諧音響中的數量法則。這在當時好比另一次日出，另一種照耀萬物的光芒：「因為，」他說，「一切皆可化為數量。」他沒有多加說明，但這些話語至今仍在我們心中迴蕩，宛如最美的人類之歌。

曾經晦澀不明，曾經難以確定。只要想起數量的這種威力，人們至今仍三緘其口。為什麼依照數量之所需而出現一顆新的行星？為什麼談論能量？為什麼有這些公式，關於各種事物的公式、能預言推算的公式？為什麼有這麼多奇妙的碳氫化合物組合符合數列，並且，姑且這麼說，尚未出現在熔爐以前，便先誕生在墨水筆下？一切皆可化為數量。一切都依循數量法則！

那位掘土的思想家，大致上從來沒再找到其他可與此相提並論的發現。兩千多年之後，這美妙的思想仍開枝散葉，結實累累。歷代君王只留下雕像和墓塚。征服者與被征服者皆腐朽，屍骨層層相疊。但是畢達哥拉斯的精神仍與我們同行。正如柏拉圖後來所言，屍體會腐化，想法卻能越過千古世紀。這便是我們真正的歷史。可是歷史學家嗤之以鼻。他更喜歡一本正經地刻寫希羅多德[9]為了自娛而編撰的嘮叨故事。

9 希羅多德（Hérodote, 484-425 BC），古希臘作家。他把旅行中的所聞所見，以及波斯阿契美尼德帝國的歷史記錄下來，著成《歷史》一書，成為西方文學史上第一部完整流傳下來的散文作品。

13

當我前往這場智者與哲人的盛會

1922.4.22

當我前往這場智者與哲人的盛會，柏拉圖的幽魂分散了我的注意力。「從這些不乾不淨的打鐵匠身上，」幽魂問道，「你希望學到什麼？他們的言論沒有一點美感，而這是一個重要徵兆。不過，也許你還沒好好學會：比起思想觀念，真心的意見是多麼地無關緊要。難道你根本沒注意到，野心與憤怒，再加上恐懼，也形成了一種正義？同樣的道理，心靈平庸的部分在此醞釀，某種程度來說，盲目地親手塑造出某位智慧偶像。而這般機械化的文明生產了許多機器，卻還能製造出一具思想機器，絲毫不是奇蹟。正如你的機器鳥會飛，儘管修破銅爛鐵的工匠並不懂其中原理；於是這項機械原理從平地一躍而起，工匠則拍著大手用力鼓掌。但是，來吧！讓我們到牆外去找些許西西里的春光美景和畢達哥拉斯式的和諧樂音。因為萬物大自然比這些粗俗的畫面更能回應我們的想法，而且隱喻更加道地。」

所以，當我們坐在慷慨的土地上，烏鶇讓一棵棵黑壓壓的樹木發出聲響，直達樹根；一陣人聲歌唱傳進我們耳中，混雜著鏟子碰撞的尖銳聲；太陽的光芒射入我們周圍的土裡。這時，陽光的產物——影子，激化了一項古老的學說。「比我還早進行研究的人，」影子說，「已經知道：事物本身不可能具有思想，而這四塊小骨頭中也沒有任何一塊是四；同樣地，沒有任何幾何形體擁有直角、等邊、彎弧；總之，數量、大小和形狀一點也不連帶在物體上，與顏色和重量截然不同；而固有性（inhérence），至少對最初的幾個觀念而言，在互比（rapport）之下瓦解。因此畢達哥拉斯能夠預言：所有特質終將逐漸脫離物體本身，並可用相對關係（relations）解釋，正如他先前已知，如何解釋里拉琴的和諧音與鐘鈴的聲響；而他沉思這個觀念及其所有發展的時機，想必是那段幸福快樂的日子。不過，我旅人的靈魂絲毫沒離開這片土地，也許我太愛它了。因此，我在歷史中又找到了想法。在偉大的笛卡兒時代，我看見運動從物體本身中被拆解，並提升到相對關係的層次，因為，如他所言，運動不再存於所謂移動物體之中，而是在它周遭的物體中。後來，經過牛頓的證明，從物體移除的是重量，僅存在於這顆石頭，土地、月亮、太陽以及萬事萬物之間的關係；儘管泥土的產物——指頭，堅持感受這顆石頭本身的重量。而現在指頭發現，質量，這最高等感官幻覺，亦非物體固有，依然用另一種方式在傳達一種物體相對所有物體的關係。但我覺得，他們對於我這個時代的智者們已預料到的這場勝利似乎有些大驚小怪。我看見同樣那批人，背負了太多泥土，想一手掌握原子：原子，相對關係的圖像，因為那圖像表達出每項物體的特質其實全是外在的。可是你說什麼？確實曾有一段時間，人們相信影子屬於人的一部分，可以捉摸它。恭喜懂得思考互比的人。但我不會恭喜利用互比去賺取自己的財富、不思考其純粹性的人。這就是巫師一直在做的事。」烏鶇歌唱時，柏拉圖的幽魂這麼說。

14

柏拉圖的洞穴，這偉大的意象

1928.3.25

柏拉圖的洞穴[10]這偉大的意象，慣常變成隱喻，在人類的世界中流傳，宛如珠寶，放射耀眼光芒。但原始的意象其實是另一回事；它形成一個值得千古世紀深思的主題。此刻，仰望這片沉沉的冬日天空，我喜歡想像自己和其他俘虜綁在一起，讚嘆地看著牆上那些影子，因為牆上未書寫任何能為我稍微解釋這片天空的觀念。我的眼前沒有赤道、兩極、球體、蝕相，也沒有重力。我發現應該去看別的地方，甚至要經過漫長迂迴的數學推演，冥思沒有形體顏色的事物；它們完全不像這幕景觀，卻能為它提出解釋。

於是，我跟著某個還年輕的俘虜離開。他被某個好心的守護神解開捆綁，循著穩固的道路前進；那種穩固來自證明，與這片土地完全不同。我看見他被另一種穩定所驚嚇，被另一種亮光眩目，多次懷念另外那種認知，牧羊人和海盜只要懂那些就夠了。但他被牽制，人家不讓他回頭。起初他受想法反映出的樣貌所吸引，那些呈現讓人看到真相，卻不知道理何在。於是，他努力透過比較清晰的推理，掌握住想法本身；從此以後，他開始輕蔑圖像，進入代數的荒漠，不再被相似的事物所騙。儘管如此，我的綜合理工學院教授，畢竟他是其中之一，仍大可再次把自己變成一名機械化的思想家，並把這些跡象當成另一種盲目的經驗。這就是為什麼柏拉圖繼續引導他，直到這個思考點上：在此，只有言論能引導我們，我們不再觀看，改以凝聽。於是他知道數字不是物品，直角也不是。他終於通達那些觀念。如今，他能以水文工程師或土地測量師的身分重回洞穴。帶著三角尺及其他強大的無形工具，他宣告各種現象、合日、蝕相；甚至，透過建造堤防和船艦、各式各樣的機器，把他們變成有效的影子。於是他統治一切，必須帶領俘虜走向更好的命運。然而，我看見他仍處於驚訝狀態，而非已領略教導的模樣；他太驚訝自己的配方能夠成功，並賜予他強大的力量。可怕的思想機器，他抹殺的人遠比另一位多。

10 編注：柏拉圖在《理想國》〈第七卷〉中，以洞穴的比論來說明人類追求善的過程。一群俘虜背對洞穴入口，並面對牆壁。他們只能看著從背後洞口射進來並映照在壁面上的影子，由此判別真偽。其中一個俘虜率先辨出真偽，因而他走出洞穴。只是洞穴外的陽光太強，他一時無法適應，只能先以事物的影子判斷真偽。一段時間過後，他才有辦法直視太陽，亦即至高的善。

這下子我離柏拉圖太遠了，但這也是因為我急於回來製造奇蹟，就像掌握了兩、三個祕密的魔術師。柏拉圖仍一直往前進，想帶領那逐漸成熟穩固的追隨者，即綜合理工學院教授，達到省思善的境界：那是思想中的太陽，照亮觀念，甚至事件。而柏拉圖特別提醒：「善」這個觀念一開始會先令人眩目，而非清晰明亮，必須緊緊跟隨一大段漫長的論述之路，才能捕捉到某些真義。所以，這豈不就是自由的靈魂嗎？他不根據影子的法則，而根據自己的法則建立觀念。若能將弟子帶領到此，並抑制他的焦急不耐，直到他能判斷這最高價值，那就能讓他回到洞穴裡，取得王者的地位。因為，他知道自己是個有靈思的人才，而且自由；如今他已能辨識所有「善類」影子，他們千變萬化，是勇氣、節制、廉潔以及學識；並且，從這些人影中，他能認出真正的人，他的同類，無可比擬的價值。現在無須擔心他拿來當成手段和工具，也別擔心他驕傲自己比別人更懂得如何殺人。要擔心的反而是，他比別人更懂得如何認清人。他將再度舉起武器，不允許人們殺害善良好人。這樣的綜合理工學院教授，多麼奇怪罕見啊！

懷疑

Doute

15 帕斯卡到處戳破表面

1924.8.19

帕斯卡到處戳破表面，甚至直稱沒有慈悲心的人是狡猾的人。他經常談論有權有勢的君王，以及他們應得的敬重。那是非常難得的，相當於挑選與長矛相配的盾牌。但人們永遠可以設計並很迅速找到一面更強大的盾牌，或一支更尖銳的長矛，如此無止境地繼續下去。而這沒完沒了，最主要就是無聊。無論一公尺有多長，你永遠可以乘以二加倍。風可以加倍，雨可以加倍，火山可以加倍，一點也不會對心智造成困擾。愛比克泰德說：「只要兩品脫的水就能把你淹死。」強權的世界徒留強大，請大家參考思考的蘆葦[1]。

阿基米德，才智之王，以其發明而論，遠超越強權的世界之上。當他將那頂著名的皇冠稱重兩次，一次在空氣中，一次在水中，從某種角度來看，他的偉大更勝長毛象，遠勝星辰之間的距離。這並非因為他找到一種不被金匠欺騙的新方法，而是這個發現透過的是對水的認識：水位變化，水位因皇冠而升高，於是得出皇冠的重量。整個棘手災難因此克服。這正是阿基米德的兒子們從未隨意拋棄的高貴頭銜；他們又為許多其他物體稱重。一個不起眼的問題導致國王的兒子顏面盡失，牧羊人的兒子光耀門楣；其原因在於兩人的知識與專注力。而如果兩者皆能找到解決辦法，他們的實力也因此平等。握有武力和勝利一點也不能改變這個結果。對於勝利的這一方，我們頌揚得已經夠多。

始終是勝利、強權、不平等。能多學到一項理論就是一場緣分。我看過有些人因為比他人多懂一項理論便試圖輕蔑對方。他們也會用讀過的三行句子恐嚇別人的精神。不過，不久便會出現比他再多讀三行書的人，而這樣的狀況無止境地持續下去。而且是虛幻的無止境。根據才智專用的衡量範圍來看，一個看來什麼都懂的人比一個只懂一件事的人偉大嗎？這頗有疑義。

我們來到意志（vouloir）這個斯多噶派早已察見、而後為笛卡兒所闡明的觀念。我們來到這種大膽驚人的想法，一旦慷慨起來便完全失去警惕，而小氣的思想販子絕不會擁有。我喜歡笛卡兒所提出的警告，他說，他所做的種種假設中，有許多值

1 帕斯卡曾說：「人只是一根會思考的蘆葦。」

得懷疑的，還有一些是錯的，但這絲毫不妨礙他繼續物理研究。而且，就是他這個人將大膽的思考命名為雅量（générosité）。這個字眼給我們警惕。慈悲離我們並不遙遠。因為承認自身擁有這種形成觀念的能力，等同於承認自己和阿基米德有同等能力，即使自己知道得比較少；而這等同於有意假設這種能力在所有人身上皆平等，不管他們多麼無知，看起來多麼難堪。這個觀念造成平等。這個人對那個人來說是神。從錯誤及激情中所得到的所有證明無不抨擊這一點。許多人投降，要求這種平等自動展現，忘了應該由我們去提出並支持。擁有這份平等，他們以為已提升自身的地位，但其實不升反降；因為，尋求並希望每個人的才智皆相同的這股精神力量，正好是克服困難明瞭某件事，進而知悉一切所需要的力量。因此，帕斯卡廢黜神的強大力量，廢黜神的智慧，以及這一切喧囂的不平等。可惜他並不完全了解狀況。他那位受辱之神仍是重要象徵。帕斯卡終結先知的預言，但他本人仍是象徵與先知。如同《新約》，我會這麼形容。

16

當亞歷山大大帝踏上他著名的冒險之途

1922.6.11

當亞歷山大大帝踏上他著名的冒險之途，皮浪[2]（Pyrrhon）——另一位不朽哲人——跟隨在側；但當時他不過是個急於證明自己的勇氣並貪圖見識新鮮事物的年輕人。他見識了不少，並非所有的一切皆賞心悅目。在那段時期，遠觀戰爭比近看來得美。人們傳說皮浪不幸受重傷，在病床上，他讓人見識了他的勇氣。我們知道，復元之後，他不再相信世界上的任何事物，甚至不願再小心遠離馬車或惡犬。憑著這份智慧，他創造出一套傾向否定的學說，後來即以他命名[3]。若我們願意相信古代歷史學者的紀錄，皮浪是在印度找到自己的導師，因為他在此遇見祕教苦行僧，又稱裸體修行智者，至今在印度仍可見。在風俗和道德準則方面，當時的印度似乎

2 皮浪（Pyrrhon, 360?- 270? BC），古希臘懷疑派哲學家、懷疑論始祖。

3 編注：即皮浪主義，或稱皮浪懷疑主義。

確實和現今大同小異，而面對亞歷山大的士兵，乞行者們波瀾不驚的態度，與後來面對英國人時差不多：只不過像是多了幾隻蒼蠅而已。據說，有一位如此無動於衷的人在軍隊面前活生生地自焚而死。顯然，任何一名士兵即使用服從軍令武裝自己，多少都會感到難過，且必然從這些裸體修行智者身上學到一些東西。皮浪發現：那些智者的祕密就是不形成任何意見。我們的不幸來自熱情，我們的熱情則來自意見。我引用我所熟悉的《人質》[4]一書：書中有一句話將這種東方式的冷漠表達得淋漓盡致，沒有人能說得比庫封丹（Coûfontaine）好。「我記得印度的僧侶們說，這段糟糕的人生虛有其表，而它之所以與我們同在，是因為我們帶著它移動。只消坐下，原地不動，就能讓它無視我們。但這樣的嘗試低賤卑鄙。」這是征服者的言論，而光是這段話，針對思想的功能，我學到的和在學校裡所學的一樣多。

皮浪的某位弟子以品達[5]體頌歌那種誇張的抒情語調讚美他：「受神祝福的你，你為我們避開相信之歧途，為我們開啟了幸福的道路。」這些論點有助於我去臆測，在皮浪這位思想家心中，各類思想會如何排序。人們假裝相信，而且經常想讓我去相信，言論中存在一種專屬的力量，因此我們能說服他人，而不必被另外一些人說服得啞口無言。但能如此衡量論點的思考機制根本不存在。懷疑一切的理由，皮浪已整理得井然有序，若願意的話，可以說都很強烈，也可以說無可匹敵；然這些理由對我起不了作用，因為我一點也不願意從那方面去想。反觀他，他很滿意這些證據，因為這是他找來的；他選擇隱身在觸摸不到的影子裡，與周遭所有事物一起，藉此避開命運的打擊。因此他一點也不專橫，在我看來，他和別人一樣理性，因為我所提出的一些方法規則，以及我當成陷阱或羅網，為了隨便捕捉一點東西所設下的觀念，恰好都被他否決或拆解，一如他人，用這種方式讓遊戲規則更為清楚。只是，他根本不想玩遊戲，也沒有什麼可以強迫他。而這足以說明我們對自己的思想為何負有警察監督的責任。畢竟，我們永遠必須選擇；例如在和平與戰爭之間做出選擇；而選擇戰爭的人，他的想法非常站得住腳，於是那些想在市集上蒐集想法的傻瓜茫然驚愕。但那些自己有想法的人也很清楚：若沒有勇氣、不做選擇，他們這些想法將化為塵埃。

4《人質》（*L'Otage*）為法國詩人兼劇作家保羅．克勞岱爾（Paul Claudel, 1868-1955）所著《庫封丹三部曲》（*La Trilogie des Coûfontaine*）最後一部。

5 品達（Pindar, 518?-438 BC），古希臘抒情詩人。詩風格莊重，詞藻華麗，形式完美，被認為是「崇高頌歌」的典範。

17 吞下一項考驗的人

1923.5.28

吞下一項考驗的人像個瘋子一樣東跑西跑。這也不難了解：考驗這種東西不是用來吃的，而是用來仔細觀看的，我甚至要強調，應該隔一段距離遠遠觀看。而且，當有一項考驗落到你的頭上時，我贊成先跳到一旁閃開。這整個世界已是沉重的考驗，必須謹慎探索，所以應該保持看得見即可的安全距離；只是神祕主義者們已把它吞進肚裡。多多納[6]（Dodone）一直在發表神諭；就連一隻貓也有太多含義。我了解埃及人崇拜貓、牛和鱷魚、大河、泉源和岩石。更有甚者，是崇拜一切，難以理解也無從辯駁。只要你賦予他一點什麼，那個存在就占據你。事實扼殺思想。這就是為什麼目睹面對考驗的笛卡兒操弄掌控、猶如思想界的拿破崙時，真是大快人心。一開始試圖說不，而那其實是在對思考中的自己說好。只是這位紳士書讀得不夠，也讀得不好。人們發明了一個叫笛卡兒的老學究，然後避開他。從真正的笛卡兒身上，我們本可習得的是輕巧的雙手及防患於未然的自制；也就是擊劍選手那貼切的用語：身體的節制。由於他的神永遠是思考中的神，而非想出來的神，所以這一點特別顯而易見；但請勿就此吞下這些考驗：那只是一幅景觀、隱喻、人的模式。他的宇宙運作機制亦是一種模式，卻是物體的模式，沒有預兆也沒有預設立場，純粹事物性質的事物，可以毫無顧慮地改變。做好這些預防措施，加上世界已被心靈淨化，而心靈亦被世界淨化，這位不輕信的懷疑論者並不太排拒習慣，並經常決定根本不去檢視，比方說，宗教或政治的領域；但那是因為他樂見這樣的情況。書寫地球的運動時，他說，有些人「對我的行動之掌控權不下於我的理性對我的思想之影響力」，若讓他們不高興，他會十分氣憤。而這即是自由人的憲章（charte de l'Homme Libre）。

蒙田也是人，但他相信以及不相信的方式更是神祕。他的把戲類似那些假裝比試的鬥士，因為他們仔細評估招數，一點也不莽撞盲試；或像那些永遠跳動著的拳擊手，或像那些掌控大局的將軍，總不斷逃避又重返，促使勝算在握，幾乎不需戰鬥即可確保勝利。就像這樣，蒙田在各種挑戰之間鑽營，並威風地隱退。他遷就許

6 位於希臘西北部伊庇魯斯的一處祭壇，專事發表宙斯及眾神之母的神諭。

多事，甚至所有的一切也說不定；但他強大的神智始終不受影響。我覺得他很篤定自己完全沒出錯，畢竟他並未受到強迫。他有最柔軟的性靈，卻也是最堅定、最自由的。而從我們這位同胞的臉上，我看見一名楊森主義[7]者（Janséniste）常與人爭執且非常拿手，他什麼都懂、什麼都不信，除了完全的不確定以外。有一天，我對他說了這件事，他大為震驚，從那時起，還更冷淡封閉了些，此外也變得較為慈愛、單純、勇敢。我相信，從那因年歲漸長而清澈的眼神中，我讀懂了他想表達的：「在這個世界上，除了意願以外，有什麼值得費心去相信？對這些笨拙的人們來說，還有什麼更不可信、更不牢靠的事？到目前為止，只要我不信，它就什麼也不是。」那個人叫作貝勒[8]（Pierre Bayle），這個名字如一座雄偉殿堂，在此是我的冠冕。

7　羅馬天主教在十七世紀的運動，是由荷蘭人康內留斯．奧圖．楊森（Cornelius Otto Jansen, 1585-1638）創立，強調原罪、人類的全然敗壞、恩典的必要和預定論。

8　貝勒（Pierre Bayle, 1647-1706），法國哲學家、歷史評論家，十七世紀下半葉最具影響力的懷疑論者。

18 幾乎所有人都喜歡帕斯卡

1923.7.15

幾乎所有人都喜歡帕斯卡，就連那些拒絕教會的人也不例外。不僅因為他那充滿驚喜、洗練、奪目的文采，也因為他本身展現出自由不羈的精神。畢竟，美好且組成完善的外表，能留下什麼？莊嚴壯麗又留下了什麼？讓行動者脫離困境，而非取笑他。爭論被評價，正義被評價，國王被評價，事前沒有任何防範；那些做出評價的人也被評價，因為投射出去的事物會反彈。「並不需要，因為您是公爵，而我尊敬您；但我必須向您行禮。」惡意的行禮，但還是得進行，而經過治療的愚者仍然愚笨。一切皆被拆解、重組，看似相像。公爵終於知道他為何趾高氣昂。

這即是楊森主義者的模式，無疑地帶有輕視意味，只尊敬他想尊敬的，只保存他想保存的。危險的情誼，不安分的公民。但最自由的思想會緊緊狠咬，因為放棄堅持向目標妥協，絕不在考量之內。如果目標能與思想家抗衡，那就是目標太過強烈；如果觀念能與思想家抗衡，那就是觀念太過強烈。因此，為保全思想家的名譽，有了這項前衛的研究，帶來爆炸性的發展，然後又出現另一項。無論投入多少，皆必須著手了解這個艱難的題材；這遊戲並非一場遊戲，思想永遠是殘存下來的才算數。帕斯卡持續地、根本地主張對立；正統教派的異端分子。

如果信仰的理由呈現出比人本身更強勢的傾向，那麼做法可能會比較粗糙；必須將驗證化整為零。思想不顧其他，只遵從自己，即使遭遇阻礙，即使約定成俗，仍必須從中選擇並且重新再造，而非忍受固有做法。「完美的屈服」(soumission parfaite)；但擁有可畏的自由。這即是帕斯卡布教傳道的內容。

懷疑無處不在；主動且強烈的懷疑，因為懷疑，一切皆成立。因此有了攻擊，甚至冒犯等這些可怕思想的力量；甚至，這些想法一被提出就等於被擱置。每一種想法必將超越本身的限制，一個想法後面總藏有其他想法，並且因為早已熟稔在心，所以隨即揭露出來；因此，這些想法的未來皆暴力凶猛。無論哪一位的思想家，即便只是學徒，皆能從中得到一股力量，並立即測試，因為通過其考驗者即可摧毀它。

所以那像是什麼？念珠？婦人們的信仰？但這些關乎的是肉體；宗教給她們的是無關緊要的禮儀。然而，對精神而言，養分是什麼？是精神本身。完全不需認同。完全不求回報。完全寬大為懷。我們不能緊勾著上天不放。正因如此，在神恩之前要貶低成就與功勳；正因如此，宿命讓人謙卑、擔憂、自相矛盾，藉以拔除安逸自信。這些迷思形成一項難以承受的事物；但請把它們視為徵兆，它們頗能代表思想家冒險的處境；因為只要他感到安心，必然立刻受到懲罰。自負是精神的地獄。成就從來無法拯救精神，一如已寫好幾千行文字也不保證接下來那一行可以寫得好；因為自由者的嚴苛條件正是他完全沒有條件限制。深思熟慮的人賺不到明天的麵包，甚至得不到當天的溫飽。誰能許諾自己一種思想？所以聚精會神即是美妙的祈禱。於是，只要創造發明成為人類最偉大的事業，帕斯卡便會適時地在人類的耳畔出聲叮嚀。

19

人們談論教導、深思、培育

1929.12.14

人們談論教導、深思、培育，宣稱這能改變一切，然後發現什麼也沒改變。事實上，有一種持續的壓力被極其有技巧地指揮著，專事對抗精神。無論科學、語言或歷史課程，總有一種教學方式頑固地與精神唱反調。過去的學習只不過是奴隸制度披上技術知識的外衣，處處死灰復燃。簡而言之，精神尚未有所反應，但那是因為它尚未甦醒。我們膜拜一座巨大的石堆，而真正虔誠的信徒每天又帶來一塊新石頭。這即是笛卡兒之墓。

應該要拿出膽量，可惜我們什麼都不敢。只是人們知道嗎？自由評論這則教條已被深深埋葬，除了信徒的言論以外，我什麼也看不見。他們確實懷有這份顧慮，只願相信真實的事。但只要是人們所相信的事都不會是真的。思想稍微清醒，探索了一會兒，然後落實；突然它成了事物，並被當成事物對待。請想像一名正在尋找解答的小學生，無論他要的答案是一個數字，或是一種幾何結構，或是一首拉丁詩或英文詩的翻譯。他尋找著，而尋找是辛苦的，宛如一種小小的折磨。如果他用眼角餘光偷看前面同學並找到答案，他撲上前去，他得救了，總之，他這麼認為。如果他在自己的考卷上找到，或在自己心裡想到，也撲上前去，他可稱之為自己的思想。他贏了，這是不爭的事實。我把他比喻為一個掘地的人，那人完全不懂得保護自己，也不曉得該往後跳；讓土塊埋掉他的工具，也許埋掉他的手，甚至他整個人。考驗就像陷阱；一個受教育的人即是被關進籠子裡的人，每多一樣知識便增加一條欄杆。交叉相乘的運算法則囚禁了小大人，制度則囚禁了真正的大人。在巴士底監獄裡也一樣，有些牢房一應俱全，也有簡陋的囚室用來監禁卑微的平民。

所以這意謂著什麼？必須清楚說出來。這關乎的是蘇格拉底的精神、蒙田的精神、笛卡兒的精神。那是某種相信的方式，而且甚至是信以為真，讓精神得到完全的自由並煥然一新。笛卡兒好幾次令人讚嘆地衡量他自己的物理理論，並發現其中有些假設，以他自己的話來說，保證錯誤，而其他的假設，則保證值得存疑。就是這種得到保證的方式拯救了精神。根據理性精神、順序以及觀念的推演連接來看，一則完美的數學命題真確無誤；但是，就事物的角度來看，那只是一種合理的思想準備。化學家發明了原子，然後又將之拆解成更小的原子，像行星一般被某個太陽的重力牽引；美妙的機制，有助於深入思考；美妙的結構；好想法。但如果相信那是一樣事物，相信它真的存在，相信那就是目標物，那思想家就再也無用武之地。

我要往哪兒去？目標只有一個，那就是社會中和世界中的人。多少世紀以來，每個人都在知道之前先採取了相信。然而，這種盲目狂熱的相信是人類的萬惡淵藪，因為人們從來不去衡量相信這件事，直接投入，封閉其中，直到極度瘋狂，甚至教大眾可以去盲目相信。那乃是宗教，而宗教以其本身之沉重，墮入迷信。仔細觀察某個信徒所採取的步驟，就連吶喊，就連一次幸運的推擠，都給了他實證的效果。強大的力量化為精神規則回歸；而根據能量定律，它完整回歸。這即代表了戰爭與主權的精神：並非獨裁者才握有主權，奴隸亦能擁有主權。有些事情已得到證明且已被認可，人們不再去思考，於是成為思想。然而，看清楚，我認為內容一點也不重要，倒是相信的方式使一切變質。一如理性的獨裁者不會長久保持理性。因此人們必須採取立場去評斷、思考、懷疑。服從確實必要，只要我們拒絕相信，精神警戒防範，沒有什麼比它更簡單、更有益於大局。而在這些專注且自由、擅長真知灼見的目光下，你可能會發現獨裁者如何迅速轉變成一個小小的好國王。

20 同意他人即無視自我

1920.9

同意他人即無視自我。蘇格拉底到處引起爭端，沒有人比他更有耐心地尋找同類，沒有人比他更能辨認出同類。在妥協的狀態下，靈魂隱藏自我；更甚者，無視自我，任其沉睡。軀體負責組成，用的是一種專注的模仿方式，那便是禮貌。將我們聚集在一起的從來不是思想。這就是為什麼各黨各派從來不知道他們要什麼；教派也從來不知道自身信仰什麼；一切徒流於文字。於是有這麼一句名言：「異端分子的存在是件好事。」[9]總之，一旦取得共識，他們就再也不知道自己同意的是什麼。

人的法則亦然。假如他信，就再也不知道自己信什麼。鬼魂和顯靈都屬於這種人們所信之事，即使從來沒有親眼見過。我相信，就表示我逃避；或者我把頭埋進土裡。沒有人做過絕對的夢，夢只存在於醒的對面，醒即懷疑。在這個物質世界中，

9 法國歷史學家馬克・布洛克（Marc Bloch, 1886-1944）所言，出自其著作《奇怪的戰敗》（*L'étrange défaite*）。

我尋找自己的道路，沒有任何事物是我相信的。否則，頂多是完全熟悉的事物，例如我家的樓梯或我的門鎖，而對這些，我視而不見。反之，我看進眼裡的淨是我不放心的、我從來不相信的。它們一再被否認，一再被討論。一條林蔭小徑，一根廊柱，外表奇特；所有的樹木彷彿在同一個平面上，參差不齊；所有圓柱也一樣。但我否認它們參差不齊，我否認它們全部與我隔著相同的距離。眾所皆知，天文學理論不斷否認星星看上去的樣貌。蝕相發生時，月球正好遮住太陽；但我否認月亮跟太陽一樣大，也否認它的距離幾乎一樣遙遠；最後，我否認地球靜止，儘管表面看上去像是沒有移動。我們所有的思想皆與我們自己產生爭執。

即便如此，在這些訴說真相的天文學說中，仍藏有一個致命因子，那就是人們相信它們是真的。如果我同意這麼說，如在表面與我對表面應有的想法之間，我再也掌握不到矛盾之處，那麼，姑且大膽稱之為真相的真相，也不再真實。真實的是運動，是過程。相信幾何學的人，就是不再去了解它的人。他會說、會做，但他不再思考。因此，我偶爾會說：要了解幾何學很難，因為它已被證明；畢竟，能被完美的驗證所掌握到的，也是機器而已。他思考的方式就像一台計算機進行計算一樣。不過，姑且安心吧！沒有任何驗證不失誤；幾何學並未被全面證明，尚有許多必須被證明的。

在這種無盡的內在分裂與對立中，哲人認識了自己，並以同樣的方式在同類身上認出自己：並透過他，認出自我本質的對立。他人的思想又是另一種思想，邀我去將它具體想出來，而我能具體想出它的形貌。這就是形成對立的原因；因為思想和思想的碰撞與石頭不一樣，只在人們認可它們成立的前提下才會碰撞；以至於當我不明白為何他人有理時，發生碰撞的會是拳頭，而非思想。因此，說服的方法始終是蘇格拉底式的：他跟著與他本人一樣真誠又天真的他人一起思考。當他反駁對方，其實是在為那人辯護，而且誠心誠意。但這耀眼的光芒令我們懼怕。「找尋團結我們的事物，而非分裂我們的事物。」噢，羊群，強大又愚蠢的牧羊人正是你自己！

21

一般說法仍把嘲笑頭腦的人稱爲有頭腦的人

1931.10.2

一般說法仍把嘲笑頭腦的人稱為有頭腦的人。但誰能完全明瞭喜感藝術的含義？笑，如另一位所言，是人類的特質。在我看來，的確，各種動物一律嚴肅得嚇人。然而動物一點也不可笑，就我們所知道的，牠們完全不思考。人類獨享可笑的特權，以及判斷彼此可笑的強大能力。因為所有人都是同樣的人，那個自以為是的人與嘲笑他人的人都一樣。兩種人並列才能稱之為人。自以為是的那一位只能算半個人。而這一切要說明的是一件眾所皆知卻眾皆遺忘的事：人要透過懷疑才能成就其思想。因此可見某些思想宛如無法完工的建築，插上一面小旗子即告結束。往自己思想頂端插小旗子的人真可笑，他彷彿在說：「現在，我再也沒有什麼要學的了。」

頭腦的運作當然有某種機械性，願意的話，也可說是某種動物性或帶有某種盲目，如同我們對直覺的看法。我們很容易便返回同一個洞去找骨頭，和狗一樣。馬匹總想走牠曾走過的路。我認識一隻獵犬，牠總往同一叢灌木林去，因為牠曾在那裡找到一頭野兔。動物失望的模樣幾乎可笑，但獵人會放聲取笑。對一個每次返回同一叢灌木林的博士，人們會笑得更大聲；這是因為博士應該要有思考能力，而可笑的是以為知道一次便能一勞永逸。在《幻》[10]（*Liluli*）這部作品中，波里契奈拉[11]（Polichinelle）對充滿熱忱、希冀全心全靈付出的年輕人說：「別輕信靈魂，那是一頭普通的野獸。」若想拯救牠，就必須用靈魂冒險。總之，頭腦不是一台有力的機器。一旦頭腦變成機器，就會變得比野獸還要笨。

懷疑再懷疑，沒有其他方法可以掌握當下；時間不等待、不做任何承諾，完全不曾承諾會與我們昨天的思想相似。人們說，必須採取行動並建構打造，而非永遠在一旁檢視。那種建造是盲目的，一如螞蟻和蜜蜂。而這類工作永遠是工作中的重大環節，需要注意觀看，需要守舊而非發明：那是屬於機械頭腦的部分及角色；而這個部分永遠不出差錯。我們可以信任頭腦保守的人。然而一旦他自認有頭腦，他便成為頭腦嘲笑的目標。又是一個用頭腦到處管閒事的可笑之人。我跟大家一樣走

10 法國作家羅曼．羅蘭（Roman Rolland）於一九一九年出版的劇作，描述兩名木偶操控師為了一位金髮女神（Liluli，即l'illusion，空幻）美麗的眼睛互相殘殺，暗諷德法兩國為阿爾薩斯—洛林地區開戰。

11 義大利即興喜劇中的丑角。

路，並不知道拉扯的是哪條肌肉。我不能檢視所有的一切，但是，當我想這麼做時，必須清楚要付出什麼樣的代價。而那代價就是不相信我自己。

蘇格拉底曾開玩笑說：如果不懂得好好使用，任何財產都不是財產。他並依照慣例，不斷延伸想法，甚至質問會不會有人願意用發瘋來交換全世界的財產？這樣的推理足以引導頭腦運轉。我們可以用同樣的方式提問：聰明是否也算是一項人們不懂好好運用的財產？也算是一種機器，而且更糟。真正的聰明要能調節聰明。那麼，除了透過確切的懷疑之外，還能怎麼做？所有進步皆是懷疑的產物。我們混淆不確定（incertitude）與懷疑（doute），對此非常不了解。不確定來自於不成功的相信，如同我們所看到的：在灌木叢中沒找到野兔的獵犬。然而，真正的懷疑已得到一件事的保證：一旦認為某個觀念已經充足，那個觀念就是錯的。的確，保守精神圍堵懷疑，唯恐避之不及。我們在相信的氛圍下出生長大，神學精準地傳譯我們孩提時期的思想。不過，就連不含一顆懷疑種子的神學恐怕也已不存在。某位博士說，「異端分子的存在是件好事。」這種說法意謂著，不再懂得懷疑的頭腦不配稱為頭腦。聖人的美德亦然；那不就是一種對於美德的英雄式懷疑嗎？

22

眾所皆知，斯多噶派是這麼教的

1923.7.1

眾所皆知，斯多噶派是這麼教的：美德就是意志。但他們也說，美德就在意志裡；而後者比較不是那麼容易理解。所以，讓我們選一條他們的道路來走走看。宛如受到宗教驅使似地，他們永遠面對這個廣大的世界並存留其中；在這個世界裡永遠找不到兩片無法分辨的樹葉、兩顆完全相同的雞蛋，也沒有一模一樣雙胞胎。這些淨是斯多噶派樂於列舉的例子，不過，到了我們這個時代，要找出其他例子沒有人會覺得困難；畢竟，一旦提出相似處，知識隨即顯現出差異處，而我們所擁有的工具無止境地增衍世界的多樣性。因此沒有任何事物可以乘以二，沒有任何事物會在同時間出現兩次。這是亞里斯多德的觀點，是他率先為解決高談闊論者們的混淆視聽，而讓真實的這一面問世，並且開花結果。

於是，從此有了一個基礎扎實的概念，且至今普遍認同。那麼我們就從這個方向出發，先說兩件事。第一，我們無法知道所有的一切；第二，我們只有一次機會去真正知道。我要多花點時間討論第二件事。一種想法不能用上兩次。無論它多麼傑出耀眼，提出之後必須加以應用，也就是說，將之變形、改變，並以另一種新事物與之類比、套用在一種新事物上。所以，永遠默默追尋，絕不高聲背誦。你知道醫生這種人的樣子，是根據某位醫生所提供的想法來評估，再加上發現自己其實並不知道醫生這種人究竟是什麼樣子。吝嗇鬼、勇敢的人、奸詐的騙子、風騷的女郎，皆同理可證。事物永遠提供某種該掌握的新元素，超乎我們的原定計畫；我們知道，無論遭遇什麼事，懂得較多的不比懂得較少的更能堅定周嚴的思考並根植想法，並將之做為探究工具。應用即發明，至此，想法才是對的；不及於此，想法是死的；不及於此，都是假的。

因此，與其說想法是對的，更應該說人是對的，因為這段了解活動的運作是了解得更深入並再稍微往前推；或者，換句話說，是時時刻刻清醒過來，將想法實踐。但這項活動永無止境，因為實現之事在思想中又變成新的想法，意圖得到新的成果。我幾乎想這麼說：兩股猛烈的力量相遇碰撞後，應該嘗試這種活動的其他存在紛紛顯現；因為想法如誓約一般被牢牢守住，而存在卻在此同時將它打破；判斷的靈光即在於斷裂。然而，打造事實的鐵匠在這項磨損工具的作業中，完全處於真實中，或者應該說，他本人即是真的；而且不需去評量他花精力獲致的真實對另一方來說難道不是假的。兩者對等，以真實性而言對等，因為兩者皆判斷；以錯誤性而言亦對等，因為兩者皆昏睡。這便是為什麼我們那些智者說：即使犯錯，智者絕不被欺瞞；而愚者永遠自己騙自己，即使他說的是真話——對別人來說是真話，對自己卻不是。就像使用相似三角形的綜合理工學院教授，他說的是別人覺得對的真話。但發現相似三角形的泰勒斯[12]，他說的是自己的真話。而且，綜合理工學院教授也大可以發明出這些三角形，雖然人們已事先妥善準備，並站在他的立場思考。這即是判斷，其餘的只不過是模仿猴戲。

12 編注：泰勒斯（Thales, 624?-546? BC）為古希臘時期重要數學家，他曾運用相似三角形的定理計算出金字塔高度。所謂相似三角形，三個對應的內角角度一樣（邊長未必相等）的兩個三角形；或者，對應角相等且對應邊成比例的兩個三角形，故稱之。

23

一隻魚族神學家應能證明……

1923.11.18

一隻魚族神學家應能證明宇宙為液態；但是牠必須先確定這件事，聽講的魚群也必須先能證明。每種生物的外型皆是一種知識，其行動則證實形體的作用。相信與生存是同一件事。無論哪個器官都是一種行動規則。草地上的魚仍會嘗試游泳，而或許就在那個時候，牠腦中形成這般看法：世界上的一切不一定皆為液態，不是牠原先相信的那樣；可惜這個看法才剛萌生就和牠一起死去。所以，所有生物皆被自己的形體說服。記憶與先見之明，和軀體是同一件事。兩者並行，如鳥兒拍動翅膀。整個形體、空心骨、肌肉、羽毛、翅膀最寬闊最尖端之處，這一切表現出一副在空中最完美的體態。因此鳥兒一生至死拍動翅膀，永遠牢記飛行的規則並反駁例外。規則性的感受屬於動物天性，牢牢固定在軀體上，比軀體本身更可靠。

笛卡兒對此感到懷疑，但人人都有一點笛卡兒的特性。無論哪種工具皆可證明：來自我們形體的這種深信不疑可能欺瞞我們。弓與箭是另一種飛奔和抵達的方式；我們的思想在這件事上蓬勃綻放；因為箭和翅膀一樣，表達騰空與墜落的定律。不過，箭不能把整個人一起帶走，因此它教導人們的原理沒有白費。這類關於工具的思考即為觀念；我們大概是由其引導而得以判斷魚類與其他禽獸，最後，評判我們自己。我不討論為什麼，以免把自己弄得像魚族神學家；重要的是怎麼做，而我們大致知道學問是如何建立起來的：必然要先克服軀體形態所導致的那份深信不疑。

克服並非消滅。這種對自我的強烈信任，應該要留下些什麼。舞蹈有絕對的說服力，因為在這個項目上，肢體可以自給自足。神廟和儀式行列也一樣，因為周圍環境與人的形體配合一致。在此，一切適得其所，如魚得水。透過這些規則，疑慮消除，等同領悟箭的原理。暫時性的。人們再次自己見證自己，並見證當下的認知，亦即感受自我。珍貴的回歸與冥思。思考變得如舞蹈般只是一次成功的動作。是一種軍事典禮，或單單只是有節奏的行軍，在那之中，我們本身既是演員又是觀眾，多少展現一點當下的確信感；然後人馬上被迫依循老規矩，被規定去死，而非改變看法。草地上的魚呈現了最好的比喻意象。相信與懷疑，試驗自己與試驗工具，在人心中，兩者共同存在。朝聖者笛卡兒與幾何學家笛卡兒原是同一人。而這富有深意的例子提醒我們勿崇拜這種身分或那種身分的笛卡兒，反而應該在其中一種身分開始蠻橫專制之際，立刻強化另外一種。狂熱的人全心投入一種身分，懷疑論者則投入另一種，各為人的一半。

24 知識或能力，兩者只能擇其一

1924.6.20

知識或能力，兩者只能擇其一。無數人在屋頂上架設天線，以為從此能接觸科學；其實是反其道而行。捕捉那些看不見也摸不到的電波是一場獵奇，但也只是一場捕獵而已。那是對能力的好奇，而非對知識的好奇。在巴黎聽見牛津的夜鶯之人，其實既沒學到自然生態也沒學到物理。更糟的是，調整機器就能如此輕易地讓他享受遠方舉行的音樂會，而欲知該如何組裝某個大小的電容器和某段長度的線圈卻又極度困難，難易對照之下，他會開始嫌惡學習。即便只想知道一點皮毛，也需要繞一大段遠路，教人如何不選擇輕鬆動動手指即可收聽的能力？根據一句名言，一旦人之所能超越其所知，他就會選擇能力而放棄知識。自從飛機不需理論學者的批准即可升空，技術人員便將理論當成耳邊風。這類愚蠢的傲慢正以驚人的速度蔓延發展。

那天有個笨蛋說，有鑑於能量是積分的結果，若非有深度的數學家，最好不要談論能量問題。積分的符號被比喻成懾人的蛇。有趣的是，若我去找到那麼一位符合資格的數學家，而他建議我別想透過積分了解任何事，除了簡易算法以外；而那的確只是一道簡易算式。這所有功的總和，我們稱之為能量；而若想了解這其中該了解的事，恰與先前那個笨蛋所說的相反，必須放棄簡化和解題的心態，學泰利斯那樣長時間凝思，思考最簡單的例子，運用笛卡兒的四條規則[13]即可輕鬆計算出來的總和。例如利用絞盤升高，然後落在木樁上的機動鍛錘，而誰能從鐵錘的撞擊中找出所有作用在操縱桿上的功，也就是經由某段長度所產生的力，即已經具有些許能量的概念。但那個想讓我們錯失了解機會的笨蛋到底算什麼？他是時下流行的那種人。他用技術人員的心態說話。著名的柏格森[14]當然從未想過盲從流行，他的幸運之處在於，他剛好走在潮流裡，而且不知不覺吹捧了技術人員。

千萬不要任由自己遲鈍茫然，反而應該要想想另一種類型的科學進步：至今前所未見的進步，能在所有人之間散播一點科學真知的進步。且讓機器運作吧！它們運作著，並將繼續運作下去。但另外一項計畫，泰利斯以幾何學和天文學兩種研究屬性即足以促成。而它應能拯救陷入機械主義的心靈。所以，我等待一位操控配電盤能力很強的電力專家出現。我期待他去根據太陽的行進及地球的形狀，推測出太陽在某些地區偶爾能照亮井底。在這類追尋研究中，哲人的心智發號施令，大權在握。為什麼呢？因為對於龐然目標，他無法改變任何事；無從操控和改變冬夏至點，因此用最深度的凝思改變自己。於是，透過思考，他終於得知何謂了解、何謂知道。於是，他的層次將提升到懷疑，而這是技術人員自吹自擂也所做不到的。懷疑的難度並不低於知道，反而更高。

13 笛卡兒以他持續關注的唯一學問「數學」為藍本，構思而成的四條規則理論：一、「明證規則」；二、「分析規則」；三、「綜合規則」；四、「列舉規則」。

14 柏格森（Henri Bergson, 1859-1941），法國哲學家，一九二七年諾貝爾文學獎得主，以優美的文筆和具豐富吸引力的思想著稱。以「創化論」之說，強調創造與進化並不互斥。

工作

Travail

25 領會的哲思是基礎

領會的哲思是基礎；而且，由於無法確切懂得何謂思考，或說普遍通行的周延思考，我們根本無從進展到認識人類這一步。不過，同樣清楚的是，這類探究永恆的哲思全然不屬於歷史性的哲學，然歷史卻不容小覷。柏拉圖跟我們一樣思考，但他沒有跟我們一樣生活。亦即他依循和我們相同的規則思考，卻將想法應用在完全不同的情境上。在那個情境中，蒸汽船、汽車、飛機，甚至不是想望的選項。就某種角度而言，人永遠在重新開始，因為他聽命於他的人類結構；但從另一種角度來看，人從不重頭再來，因為一個狀況會導致另一個狀況，甚至沒有前一個狀況便無法想像第二個狀況。所以，我們的汽車是轎子的子孫，而飛機的引擎，透過活塞、傳動桿和氣閥等結構，根本是蒸汽機的直系後代。構造、習俗、風氣、宗教，這些更加複雜的機制也一樣受其所有的前身影響。比它們早出現的不能原地停滯，反而必須迫切地需求其他發明。目前，誠如過去一直以來，我們處於轉變期。假如航行

1929.6

在這股潮流中時，我們既不懂觀察，也不知預測，不會管理，那麼智慧形同虛有。

這些思想對我的專業來說太過陌生，猛烈地向我襲來，彷彿我正讀著一本馬克思主義冊子，書中有種哲思，我其實一點也不喜歡，而且早已過氣，並被狠狠地抨擊。我對自己說，用不到十年便能好好認識那位不朽思想家的先驗哲學[1]。在此之後，憂心思考而非教導的人應該要思考歷史。唯有穿越馬克思主義，才能避開它。那麼，所謂的歷史哲學是什麼？

首先，那是一種觀念的哲學（philosophie de l'Idée），但應該從黑格爾學說[2]的意義去領會。理念不吸引我們，反而將我們推遠；觀念永遠不足，而正因為不足，它將我們拋向另一個觀念，由此符合永恆邏輯的需求，無窮無盡。所以我們必須將馬克思主義視為一種不斷改變的哲學。比方說，資本主義自有對其他事物的需求；它未曾停止改變，且仍不斷地改變著。共和國不斷地改變，權利不斷地改變。最後這一項更是眾多例子中最明顯的：維持權利發展的，正是權利不足的這個觀念。感受不到這種由觀念所促成的改變，不對其前仆後繼，那樣的人不能算是一個人。

很好。只是馬克思主義又稱唯物主義。這是什麼意思？意思是說，現實的觀念一點也不抽象，是具體的，而且會推動，如植物本身的觀念推動植物去發芽開花。

因此，現實觀念的發展和宇宙生命的所有環境相關。而在了解觀念的不足以前，人們早已感覺得出來並實際體驗到其不足，如同一個人明白自己在生病以前，早已感到不舒服；而通常他不懂得自己生的是什麼樣的病。這就表示，帶領我們去思考的是居於低等的感受，如飢餓、口渴、憤怒、悲傷；這就表示，歷史上，需求唯有張口狠咬，意念的新時刻才能破繭而出。因此戰爭之後必有和平，和平就在戰爭裡；這件事可以理解，但首先要透過饑荒才學得到。根據另一種邏輯，啟示我們的永遠是低等的；以這種邏輯定義歷史，而那正是唯物的歷史觀。

1：康德的思想。

2：請參考黑格爾的絕對觀念論（absolute idealism）。

26

如今，僅剩馬克思主義者有想法

1929.12.21

如今，僅剩馬克思主義者有想法。我所謂的想法是想法中的理念，畢竟，對於即時的意念（idée immédiate），人人都能點石成金；但對於想法中的理念，每個人都要根據自己的作為來思考。關於說服他人的技巧，一名員警的想法來自於他那套讓人招供的奇異話術。一名銀行員會另作他想，一名牧師又會有其他想法。我知道部長想著他的權力，貪婪的人也是，但用的是另一種方式，想的是其他目標。昨天，我觀察一組鋪鐵軌工人工作，這項巨大沉重的目標需要絕對精準的思考；每個人動作的協調與其所呼吸的空氣一樣重要。組長高聲的呼喊傳入遠處古老的橡木林中，並唱起另一首歌，不同於農民的呼喊。服從的方式亦不同。說不定農民的想法和工人的想法起初根本不服從根據工作狀況所調整的音樂節奏，這是依書本思考出來的假設。而的確，依書本思考的人如同某種外交官，在沉默不語的同伴間，自有一套反對和妥協的方式。

想像一名織布工人，由於這項古老行業所使用的亞麻織線十分脆弱，所以依然只能待在拱頂地窖裡工作。一家人聚在一起，每個人盡其所能，做著與這項行業相關的工作，就連孩子的小手也幫忙連接斷掉的線。舊時的學徒制度復活，舊時的尊重和舊時的崇拜信仰亦然。之後發明出一種機器，調整出更好的設定，便能以蒸汽織布織出更細緻的亞麻布；如此一來，這家人將陷入絕望，工廠附近的房子戶戶深鎖，蓋起不透風也沒有花園的住宅。此處形成另一種紀律、別種思想。農村家庭將保存古老的神明，無論以前或未來，那永遠是他們的祖先；於是又有了另一種宗教、別種政治。麥田不像一匹布，絲毫不任人恣意而行；一片麥田會教導出另一種耐性、另一種經濟。而人人將公眾的事當成自家的事來評斷。

若相信文字言論，我便掌握不到無產階級理念；但若貼近生計去想，我就能找到。它並未被隱藏。那是一種農民永遠不會有的理念；這是因為不照常理進行的事，就必須插手介入，並即刻改變它。然而，我們不能即刻改變麥子，也不能改變雲朵和風。那些工人抬起一根鐵軌，所有人同心協力一起放下；他們的命運掌握在自己手裡，腦子裡也產生某種自己是組長的想法，而且絕不是文弱、優柔寡斷、容易妥協、囉嗦嘮叨的那種組長。無產階級的專橫，藉由這些簡短的指揮命令來詮釋頗為傳神。人對馬匹的威權完全屬於另一種；那其中含有威脅和粗暴，混雜著一種奇特的友善。所以，騎兵隊軍官本身即是自然和工作的產物。我已經能夠猜想他在讀報紙時，會對自己說什麼，我也知道他會讀哪份報紙。汽車和飛機則將指向另一種政治。飛機工廠本身在製造飛機的工人腦中，以最貼切的方式形容，也將餵養出另一種進步與需求的想法，和製造刀具或鍋具的工人不同。

對於馬克思主義者本身，我用他自己的想法來解釋。因為，只要他仍是旁觀者，他就根據言論思考，根據他對言論的影響類型來思考。然而，一旦當上管理者，他便思考權力、警察、軍隊。他也有自己的鐵軌要扛，根據簡短的應答喊聲思考。但是，正如鐵軌也會展現其意見，喊聲會改變，理念也會改變，而且速度之快超乎想像，令人不敢置信。理念促成革命。但後面還有一整章要寫：革命如何像生計一般改變理念；畢竟，掌握一個人並操控他，依恃的是方法，一如要抬起鐵軌並操作鐵軌，不過方法截然不同。

27 馬克思主義中有一項悖論

1929.8

馬克思主義中有一項悖論，那便是這項學說自稱唯物主義，事實上卻是最大膽的理想主義。只要不知如何破解這項矛盾，亦即提出反證，說出相關性，就無法有任何進展。盧克萊修的無數讀者都清楚，何謂否認靈魂才能拯救靈魂。而我不時留意到，有決斷魄力的物質論者和神智脆弱的唯靈論者之間，對比明顯。不過，在此必須看清楚，所有困難皆濃縮在培根那句名言裡：「人類只有服從自然才能征服自然。」任何一名航海員都能為這句話現身說法，因為像航海員這類的人不會否定大海的力量，也絕不可能祈禱海浪從船頭來並避開側翼；反之，面對無情的力量，他明明曉得該維持忠誠，不耍任何花招，但他仍會有所反應，也就是說，依靠能抵抗浪濤的東西，破浪而行。每一種行業都同唱此調。

不容變更的宇宙，透過所有的運動，適切地自我連結調整，不帶任何思想；有人從未把宇宙像放上天平那樣估稱，這樣的人不算是人。孩提時期總相信，只要努力祈禱，保有希望，便能看見較美好的未來。膽子大的人不過是想找個狹窄的立足之地，他首先確信宇宙不會作弊。堅守如此嚴格的立場的，正是笛卡兒。他甚至將所有思想從生靈身上抽離，甚至從自己的軀體抽離，只視軀體為正在生長或已長成的園地，並設想只要我們小心翼翼，就可以長命百歲。儘管如此，面對其中最複雜的政治體，他卻沒有任何計畫；在此，他信賴自然，即信任習俗、熱情、友誼。他以利維坦[3]的方式過日子，彷若生活在萬物自然中的野人，為謹慎起見，對每個人一律脫帽示意。

然而，在此，想要行動的人如同汪洋大海中的航海員。他首先必須掌握機械定律，耐抗持久，提供支援，絕不出錯。於是，他將政治解讀成最複雜的漩渦，只是沒有靈魂。一旦假設其中有靈，就必須祈禱。所以，要在這個人類世界裡，尋找從不認輸禱告的人，意謂著那個人要能從世界中，透過需求、工作及資源找到自然的必要性。如同青苔只生長在潮濕的地方，人也要像植物那樣拉高塊頭。商店、工廠、銀行、交通與倉儲，地球上的一切，和天花板上那塊潮濕的斑點一樣，是必要的設計。若想無視這種必要性，就會邁向死亡；所有存活下來的思想皆仰賴這種低等的需求。於是我們的野心被阻斷，但治療者的野心也在外科醫生身上被阻斷。這種反射性勃起最終還是凝視外在的必要，非但沒有扼殺行動，反而為行動另闢蹊徑。一旦風與水被視為盲目的力量，我就能夠航海。因此有了政治這另一種形式的航行，其關乎需求、工具、建設等盲目要件，不恣意而為，絕不舞弊。同時，由於靈性與肉體的再次分離，意志找到武器，證明它的強大。一個詞語說明另一個，如他人所言，並且如他人所展現，但方式抽象；而不是以為若要拯救純粹的靈性，一定要在行動的每個步驟中找到純粹的目標。所以可以了解，我們神祕的社會學者和祈雨者差不多。在低階環境中做一點小改變，好比水中划槳，可能划得好，也可能不好，但順利渡海的法則與發生觸礁的法則一樣；而在人的行為上，僅需非常微小的動作或努力，所有人便能獲得清晰的頭腦指引，脫離恐懼。

3《利維坦》(*Léviathan*)是霍布斯於一六五一年出版的著作，又譯《巨靈》、《巨靈論》。「利維坦」原為《舊約》中記載的一種怪獸，在本書中用來比喻強勢的國家。該書系統闡述了國家學說，並探討社會的結構，是西方政治哲學名著。

28

有人問我是不是無產階級

1932.4.1

有人問我是不是無產階級。答案：我不跟任何人同道。以前，在全民大學期間，有人問我：「所以，你不喜歡民眾？」答案：「不，我不喜歡民眾。」基於不算小的反抗熱情，不顧他人贊同與否，我用自己的資源全盤重新檢視哲學、政治學和經濟學。這項計畫顯然超出我的能力範圍。但是我成為思想導師，一如有人當舞蹈老師一樣；我不想欺騙別人也不想欺騙自己。若要準備起跑，我的熱情會奔向何方？猜想不到的人也沒資格知道。不過現下，我想用黑格爾的辯證法來討論階級鬥爭。

若有人想探究源頭，我建議他去研究《精神現象學》（*Phénoménologie de l'esprit*）：黑格爾針對主人和奴隸之間的對立進行了分析和延伸討論。高傲思想一時間的鬥爭造就出一個失敗者，也就是一名奴隸；而主人與奴隸之間的對立持續發展，以至於主人喪失所有現實的思想（pensée réelle），奴隸則相反，養成了所有現實的思想。這是為什麼？因為所有現實的思想都在反抗事物的行動中養成，在此，行動即是工作；

而反抗「人的行動」則是主人的工作，那必然屬於神話性質。我在此所做的評論完全自由，相信我並未曲解黑格爾的思想，而是要嘗試延伸。我要表達的是，現實的思想從來不是某種思想的後續，反而是一種蓬勃天性的成效，為了對抗阻礙本身而發展，而且以能量的角度來說，能夠自給自足。在此，可別陷入幻想痴夢。警察無法自給自足，軍人不行，教授也不行；這些類別的職人，食衣住暖皆由其他人供給。請觀察他們奇怪的工作，工作的內容是偵查、強迫、說服他人；於是你會了解，這種工作不能使人溫飽。但我要更進一步說，這種工作也不能讓人學習事物。為什麼呢？因為在這種狀況下，敵對的目標彼此相似，根據各種思想來回應。而人類的世界也根據思想來回應，是個騙人的老古董，所有宗教之父。比方說，孩子是魔術師和神話學者，因為他們用哭喊取得食物。一位教授同樣是透過叫喊來賺取溫飽。只要耐心跟隨這個想法，它能延伸得很遠。

舉一個典型黑格爾式的例子：權利（le droit）的表象、打倒個人之勝利以及永遠出現的高聲吶喊，訴訟制度中的這些因素恐怕反而將謀殺權利。讓權利繼續存在的是人與地的衝突，是那種關乎水源、道路、城牆的奴役制度；那種關乎設備、工具、機器的必要性；那種牛隻的、羊隻的、小麥的市場。因為在這個狀況下，你必須解決衝突，而大自然不會等你；正是透過這種無法抵擋的壓力，法理學（juriprudence）逐漸造就司法權利，並持續加以轉變。比方說，工作意外的相關法律參照了機械主義的變化：在法官看來，一個人徒手搬動大木桶和用電動起重機吊起大木桶，兩種情況所產生的意外並不一樣。這還只是最簡單的例子，其他狀況不勝枚舉，完全前所未見，尚待分析。我只想讓人們注意到：現實的工作、對抗事物的工作，才能造就法律並改變法律；意即政治觀念從工作而生，而非來自某改革家的抽象思想。可以猜想的是，政治分析的種種途徑，如馬克思所提出的那條路，並未能徹底解決問題。所以，在我看來，階級鬥爭若非發生在這種追溯至工作，並持續改變風俗和宗教的思想運動中，會發生在哪裡？但這並不表示一名工人能正確地思考所有事情，這表示他思考的正確性與他思考工作條件的能力相符；而這項觀察有助於在各種社會主義和共產主義中，辨識出工聯主義（syndicalisme）這樣有創造力的新興事物。而社會主義和共產主義，我擔心兩者皆屬布爾喬亞思想，或可說是邏輯性的思想，亦即從思想中誕生的思想。此刻，你問我是不是站在無產階級這一邊。這個問題有什麼意義？走出童年，試著長大吧！

29

人們永遠看不出從黑格爾到馬克思之間那道縫線

1932.2.12

人們永遠看不出從黑格爾到馬克思之間那道縫線，因為所有人把黑格爾視為邏輯學家。然而在這兩位思想家中，馬克思將我們所有思想強烈地依附在溫飽我們的大地上，簡言之，依附在低等需求上。要尋找鄉下迷信的起源，無須外求，只需從耕作著手。由於各種效應，耕種經常出岔錯，所以這件事與傳統息息相關。反觀無產階級的無宗教主張（irreligion prolétarienne），透過「錯誤立即被事物本身糾正」的這類行動，頗能自圓其說。螺絲釘裡沒有祕密；如果鉚釘鎖不緊，我們可以知道原因。鋼鐵絲毫不給人錯誤的期待，木梁也不會。這就是為什麼工人信任自己的動作，不相信其他任何工具。工廠也一樣，根本不會教人虔敬，而且正是它把工作和家庭分開：家中的爐灶是古老神明的祭壇，事實上，也是所有神明的祭壇。上帝是父，這樣的隱喻說明了許多事。和工頭相比，父親算什麼？因此舊時的權力者確實受到攻擊，對手不僅有從書中擷取他們想法的哲學家，更高明的是指揮巨型工廠的蒸汽機。工廠之所以遼闊巨大，是因為傳輸不完美。如果在發明蒸汽機的同時也發現了電這條又長又優異的傳輸帶，或許我們可以看見工廠被分為幾千個家庭工作坊。此時，父親既是生產線首長，也是學徒教師。而在某些地區，人們仍以手工織布，孩子在父母親的工作坊裡幫忙捲線、連結線頭；宗教對當地居民也必然更有影響力。一座農場即是一處家庭工作坊。孩子在此學習，或者說，保有一種與情感相連的服從，進而養成尊敬的態度。根據這種想法，我們可以說，工業紡織摧毀了尊敬精神。這些例子仍不夠有力，應該再將所得和薪資進行比較，了解人如何從形形色色的旁人身上，接收對金錢、財富和經濟等各種差異頗大的看法。至於書中所寫的觀念，其實一點也不算數。人總是從日常經驗中取得真正的觀感，或者說得更貼切些，人根據自己的行動去思考。相信、判斷、尊重、輕蔑，所依據的無非是他維持生計的方式。因此工具和機器改變了政治的世界。一如唯物史觀的觀念，而馬克思主義本身正是其中一個例子；因為工業界若未發生機械革命，根本不會有馬克思。

反觀黑格爾，似乎離這個觀念很遠，甚至站在對立的一邊，因為黑格爾的《邏輯學》（*la Science de la Logique*）對許多人來說有如一顆梅杜莎的腦袋。而黑格爾的確邀請我們透過他的邏輯去理解：歷史上，觀念的實際發展所依據的並非邏輯。不，首先依據的是生活，依據家庭、職業、契約、訴訟、制度、紀念物、宗教、藝術，最後根據勞動中的人性，它讓歷史成為破碎的邏輯，一種潛在的辯證。比方說，真正的公正是法律，是混合了土地的制度、經驗和需求的累積，一種為了調節紛爭和保障交易安全的社會工具。真正的國家絕非立法者的發明，國家像犁、像弓、像滑輪、絞盤；是一具維生機器。而且如同弓箭手從他的弓上得到他最早的思想，社會人從國家得到他最早的政治思想。他思考各行各業、商業貿易或機能，這些想法展現在藝術和宗教中，又是另外一些強大的徵兆，十分符合現狀，而我們便在其中尋找新的思想。其餘的，如另一位所說，屬於文獻，波瀾不驚。因此辯證法正在歷史中運作，憑著一些卑微的理念，保證奴隸能持續占主人上風。而這並非純粹的邏輯：辯證法中，靈性和需求搏鬥，所有思想皆是行動的產物，這是黑格爾主義的本來面目，與我們所能讀到的相符。而馬克思主義是其後果，只不過針對黑格爾所未能預料到的工作模式變化做了調整。歷史永遠有後續，而且無法預測，就連這一點，也完全符合黑格爾的學說。

30

若想試著根據黑格爾的辯證法來思考

1932.3.3

若想試著根據黑格爾的辯證法來思考，就不該堅持那些最抽象的遊戲，例如要我們從存在和不存在過渡到生成。這是開始，抽象、艱澀、難以吸收。在老巴門尼德[4]作古那麼久之後，有人重彈老調向你證明存在是不可變的唯一，在你看來，他似乎不屬於這個世界，距離我們的問題太遙遠。而有另一位詭辯士，他喜歡透過同一類推理方式來證明存在有好幾種，意謂著他一直在嫌棄自己並否定自己，不久後，便嚇跑你。於是，現在你能面對自己的所愛、所從事的職業，你的服從、反抗、怠惰、憤慨，共享你的人生之種種現實思想。講求實際吧！腳踏實地吧！我們已經在逃避；處處可見那些逃避者，他們塞住領略的管道，猶如有人捂住自己的耳朵。儘管如此，他們無法逃避自己的思想。這是什麼意思？意思是他們無法擺脫在自己思想中掙扎的反論矛盾。我喜歡她，所以我要殺她。我想教育，而我的拳頭已經硬了起來。什麼樣的暴君可以拯救我被威脅的自由？我們難道不該不惜生命代價去換取安全嗎？這些思想衝擊折磨著我們，然對抗它們對我們一無是處。是將我們推向非，非又把我們推回是。這是因為我們想逃避。所有人必須了解，我們始終被古老的「存在」和「不存在」追著跑。誰沒說過「兩者擇其一」，結果說了等於白說？因為就在下一個瞬間，他便被迫兩者皆選。這種累人的經驗磨出溫和的人，而他們其實是暴躁的人。

至於黑格爾的學說，如果你僅以散步者的身分進來逛逛，很快地，你會發現自己的喜怒哀樂，甚至你的情緒是什麼模樣；說穿了，你這整個人其實是一頭難相處的動物。當別人把主人和奴隸之間的對立說給你聽時，你立刻辨識出主人的中心思想，以及奴隸的中心思想，亦即兩人的中心思想；當然，是一種正在運作的思想，而且搖撼人的世界並推動世界。你閱讀，但你無法讀到發生在自己身上的這則故事。你察覺到主人如何在自己的主人思想中自認為奴，而奴隸又如何透過奴隸的想法自認為主。或者，以更動人的字眼來描述，你了解到，富人因為富有，已被一切財富隔離；而窮人由於貧窮，反而擁有所有財富；最後，工作者其實從未曾間斷地

4 老巴門尼德（Parménide, 515-445 BC），古希臘哲學家，重要的「前蘇格拉底」哲學家。

剝奪有閒者的空閒。這豈不正是存在過渡到不存在，不存在又過渡到存在？這持續不斷的變革，難道不是所有這些自認永恆之事物的一種不可避免的生成？

如果你建立起這種邏輯上的回顧，特別是被過分輕視的邏輯，那麼你會想到應該從一開始就正視，而非逃避。而且，存在與不存在，兩者剝除了一切遮掩之後，其實彼此相等；與其對它們嗤之以鼻，你可以，以一個自由人的身分，自願轉戰那個非常近似的思想：生成。透過生成，你可以將存在與不存在放在一起思考。而生成這個觀念則宣告一趟永無止境的旅行。它率先治好你對思考的恐懼；因為，你不再被思想推著走，反而是你去推動思想。或許不需要按照黑格爾的方式，黑格爾的書並非聖典。我把他的書視為一種方法，訓練我們去克服矛盾，並且憑著現成的經驗去正視矛盾，如同萊布尼茲[5]所言，矛盾永遠宣告某種更美好的事物，只是必須先加以克服和解決。所有時期都有一種集體的瘋狂相信：如果堅持矛盾中的一端，另一端就不會找我們的麻煩。總之，思考並非一種安寧的處境，也不是內省的狀態。我很氣我們那位思想家閉上眼睛。

5 萊布尼茲（Gottfried Wilhelm Leibniz, 1646-1716），德意志哲學家、數學家，有十七世紀的亞里士多德之稱。

31

十九世紀出現了兩位偉大的建設家

1932.1.1

十九世紀出現了兩位偉大的建設家：孔德和黑格爾。我們的法國同胞是一名叛逃的綜合理工學院人。精打細算的知性領會回歸世界和歷史，並評價歷史，這真是一幅絕妙的景觀。若願意費神研讀實證主義所提出的十冊厚重巨作，即可從中找到最有價值的宇宙歷史觀點，對善良的人群而言，還有一項救贖計畫。相信我的見解無損這些偉大的想法：我在孔德身上看見法國激進主義（radicalisme）之父。主要的特質有哪些？首先，對教育抱持無邊的希望，透過各門學科的系統，不僅能戰勝迷信，更能了解迷信，了解低階環境在世界長久的壓力之下，急需維護一項工業和政治秩序，而其中的秩序極度不彰，根本不受尊重。在這些過客領袖的對面，透過百科全書式的文化，將建立起一股靈性的勢力，由真正有學問的智者管理，包括兩大主要組成族群：無產階級和女性。這股勢力只會是輿論，亦即沒有任何阻撓，足以發動前所未見的最大規模革命；單憑此理，強權與財富將不再是人們所崇拜的價值。那將是世俗觀念，如基本需求，可以輕視之，卻不可忽略遺忘。這種革命不完全像哲學家曾宣稱的那樣發生。儘管如此，說它完全沒發生卻也是錯誤的見解。我們的政治中有不少專司判斷的部門，全然不如那十冊厚重巨作，如果人們能夠研讀的話。我們的閱讀教師們由富人支薪，再耐心等等吧。

黑格爾一生循規蹈矩，從未想過任何形態的革命。他是另一種人。自然主義者（naturaliste）。他認為科學抽象，但這並非不懂科學的無的放矢，而是他將力與量的宇宙拋諸腦後，甘冒所有危險，深入生命的世界。他讚賞生命如何從胚芽發展茁壯，從中意識到正在作用的精神。因此，縱觀自然之後，他致力於重新描述真正的歷史，而這其實就是解放被束縛的靈性。而且，生命永遠首先必須吃飽、繁衍、工作、交易；黑格爾想展現的是，透過這些卑微的任務、這些與土地息息相關的思想，現實的公平將如何發展。因此，與孔德同時卻透過不同的途徑，他探索了孔德命名為社會學的範疇。他試著描述出一種平民的精神，讓大家明白憲法從來不是某個智者的思想，反而應該永遠是勞動者、市鎮首長、法官的思想，而且更是人父、人子、主人和奴隸的思想。這段偉大的歷史同樣寫成了十本厚重巨作，其中包含風俗人心、藝術和宗教，其所依據的原則始終是高等的事物皆從低等的事物中萌生發展而來。

在這套龐大的體系裡，唯有批判的序文讀來艱澀。至於風俗、美術和宗教所構成的歷史，成就輝煌且不容置疑。而且我們要注意的是，黑格爾運動試圖在物質本身中找到意念，與孔德的方法完全相反。後者則是把靈性從物質中區分出來，以求拯救靈性，並透過這種違拗的態度救贖一切。

後來發生了什麼事？擁有法國精神的無產階級盡其所能地受教學習，思考公平正義，醞釀實踐的可能。相較於此，德國精神的無產階級則在生計及其迫切的利益之中尋找思想，確信靈性必須經歷底層才能浴火重生。因此我能斷言，社會主義承襲自孔德，而且不僅單單孔德一人，而是孔德那樣的精神；相反地，工聯主義則承襲自黑格爾和黑格爾派，他們始終是自然主義者，也就是說，考察並模仿生命性靈的迂迴曲折，拯救他們的主要是鐮刀和鐵鎚。我將這些偉大豐沃的觀念如此簡化，敬請見諒。我只是想引導讀者研讀那二十冊容易取得的書。至於這兩套體系之間的對立，一種很清楚地屬於小布爾喬亞階級，而另一種則屬工人階級，這種對立正逐漸為世界歷史的發展所解決。最值得讚嘆的是，我們的官方哲學家們完全屬於考辛[6]派（Cousinien），他們既不讀孔德，也不讀黑格爾，甚至不讀世界歷史。

6 考辛（Victor Cousin, 1792-1867），法國空論派思想家。

32

假設亞里斯多德活在康德和拉普拉斯的時代

1932.2.1

假設亞里斯多德活在康德和拉普拉斯[7]的時代，並重新評價永恆的柏拉圖主義，於是有了黑格爾出現。柏拉圖的靈魂為了代表存在，孜孜不倦地考察知識，總是又回來面對自己所提出的形式，且是一種抽象的物理。然而，如果柏拉圖思考自己的想法，便會發現，這個真正的柏拉圖觀念和柏拉圖所要向柏拉圖表達的並不相同。因為真正的想法不是一條像存在的公式，而是存在的內在，是他的生命，後來才成為他的思想。因此，新亞里斯多德著手重新解讀整個自然界和人類史，其所根據的並非牛頓那種死的科學，而是活的靈性。

亞里斯多德首先透過他著名的邏輯推論擺脫柏拉圖，試著盤點所有形式。同樣地，黑格爾在他的邏輯學中擺脫抽象的科學，將形式系統更往前推進，直到證明如何不可避免地從一種存在邏輯（logique de l'être）過渡到關係邏輯（logique du rapport），也就是說，過渡到一個原子、運動與力量的的宇宙，且是完全空洞的宇宙。顯然，從中可看出應該將屬性依附在實體上，這就等於以現實觀念思考。以關係的邏輯思考蘇格拉底，等於失去真正的蘇格拉底。蘇格拉底的美德並非柏拉圖對蘇格拉底的看法；那是蘇格拉底克服矛盾，在自己腦中實現的想法本身，而那些矛盾是不折不扣的試煉。戰爭中的蘇格拉底，面對三十名暴君的蘇格拉底，面對阿爾西比亞德斯的蘇格拉底，面對審判官們的蘇格拉底，面對來解救他的克里同[8]的蘇格拉底，這些才是讓蘇格拉底贏得其各種顯赫標記的真實辯證，和他的人生一樣不可與之切割。透過這個例子，我們可以了解：一個存在的現實觀念，即是這個存在於人類世界和物質世界中的一生，獨特的冒險，多少有點傑出，永遠不會再發生的故事。蘇格拉底這個出色且非常清晰的典範，告訴我們許多他種人生或較封閉的人生，但哲學家致力去估量靈性在這段生命中的運動。因為我們無法把外在關係的虛無當成思考目標。所以，若某事物存在，觀念則存在於自然。

當自然只是死氣沉沉的天文和支離破碎的物理，要從自然中找出觀念，既困

7 拉普拉斯（Pierre-Simon marquis de Laplace, 1749-1827），法國著名天文學家和數學家。

8 編注：克里同（Criton）為雅典富人，是蘇格拉底的追隨者之一。在蘇格拉底因罪而遭判死刑時，克里同和他談論政治的根源及本質，並鼓勵蘇格拉底逃獄。

難又危險。但在動物的生命中，已顯露一抹靈性的影子；無論如何，大自然以輪迴的定律主導並重振這些存在。人卻並非如此；畢竟人類的歷史會留下永遠的痕跡，如藝術、宗教、哲學，從這些領域中應能辨認出靈性的足跡。這絕對的歷史照亮平民的歷史。憲法、法權、風俗，則又是其他的痕跡，且是思想的痕跡。不過，不該將這些現實思想與歷史學者的思想混為一談；同樣的道理，關於米洛的維納斯[9]的思考與批判的思考不同。因此，若想真正地思考，我們終將回歸有組織的思想，它們在平民與人們的內在醞釀已久，也就是將歷史解讀成一種靈性的解脫。然而，這樣的現實歷史確實是一種辯證，透過克服矛盾來往前推進；少了它，靈性便不存在。但這則辯證是一種歷史，外在需求和生命的法則在這方面不斷構成難題。例如孩子是父親的難題，父親也是孩子的難題；主人是奴隸的難題，奴隸也是主人的難題。工作、交易、警察，都是所有人的需求。因此，從這些實際思考中汲取出來的，不是一套公平的推理邏輯，而是一種關於公平的歷史，是法律。然法律並不完美，卻存在；法律是在克服矛盾中的一種無窮的生成精神。矛盾源於大地、工作、家庭關係、叛逆的激動情緒、困苦的生活，總之，一種對抗低等需求的無盡抗爭。因此，由理念來帶領世界的確沒錯，但所謂的理念是展現在雕像中的理念。抽象的理念或批判性的理念，從未實際做過什麼，以後也永遠不會做什麼。像這樣的一種理念恰如其分地被稱為烏托邦；它沒有容身之處，不曾存在。願大家已能根據這篇摘要判斷馬克思主義者是否能被稱為黑格爾派，唯物史觀主義是否距離現代版的亞里斯多德主義如此遙遠。沒有什麼比黑格爾更不抽象的了。別相信他人說的，請自己去看看。

9 編注：米洛的維納斯為著名的維納斯雕像，完成於西元前130-100年之間。最初是在希臘米洛斯島發現，因而稱為米洛的維納斯。該雕像目前收藏在巴黎羅浮宮。

33 當黑格爾去上課

1931.1.1

當黑格爾去上課，一腳趿著拖鞋、另一腳穿上襪子的時候，人們恐怕以為他已經脫離這片土地，他的抽象思辨永遠不會觸及勞動者。然而，若按照他教導我們的做法，試想人類歷史的景觀，我們會認為自基督主義以降，唯有他的哲學體系在耕作大地。因為，馬克思主義者終究屬於黑格爾派，而當他們比嘴裡說的更進一步否認他們稱之為黑格爾派的理想主義時，反而正因如此，他們其實是在接續黑格爾的理念。黑格爾本身即教導我們去否認純粹的理念；而他那套太讓人流連忘返的名著《邏輯學》，其中的思想虛無飄渺，能力不足，至多使我們偏離了邏輯。

自從老巴門尼德一腳踏進純邏輯的領域，便被封閉在其中，在貧瘠的存在與不存在之範疇中四處搜尋；照亮了他的弟子芝諾[10]。弟子無法以其粗糙的智力工具去掌握這項運動，於是堅決否定運動。第歐根尼[11]則起身行走，所有人嘲笑他；他搖搖晃晃，猶如一艘尚未被解開纜繩之前的小船。在我看來，無論是誰，只要稍微被柏拉圖主義散射的強光照亮，應該都能了解：否定運動的芝諾和行走的第歐根尼之間，其對立的落差太大，在此我們缺少工具或階梯，無法將箭搭到弓上。這類工具或階梯，人類歷史已讓我們見識了不少。例如我們看見：古人撞上自由落體，卻完全不明白是怎麼一回事；也看到伽利略仍然透過想落實存在與不存在的觀念，辛苦地解開墜落這個謎團。畢竟，的確，事實千變萬化，說明一切；但人會思考，亦即落入自己的圈套，就像我們在伽利略的時代所看到的一樣：當時那些理論家無法了解地球會轉動。

然而，黑格爾觀察人類精神以及自己的這種種漫長辯論，發現這些已克服且被超越的矛盾形成一套真正的邏輯體系，而我們無法在那其中逗留。於是，當他完成綜合理工學院所有等級的課程，內容關於是與否、大和小、理由與效果，總之，真

10 編注：芝諾（Zeno of Cyprus, B.C340-265），創立古希臘羅馬時代的哲學教派之一—斯多噶學派。主張德性高於一切，克制、苦行、禁欲為美德。

11 即錫諾普的第歐根尼（Diogenes of Sinope, ? – 323 BC），古希臘哲學家，為強調清心寡欲的犬儒學派（l'école cynique）代表。傳言第歐根尼住在木桶裡，有次亞歷山大前去拜訪，詢問他有什麼需要，只見第歐根尼回答說：「我希望你不要遮住我的陽光。」相關哲學，可參見作者所著《論幸福》第四十四篇。

實不遮掩的關係以及由於能力不足，以致那些沒有實體之事物顯得枯燥又無聊；他便投入一場不屈不撓的動物學研究，希望從中估測到同樣的對立和同樣的靈魂悲劇。差別在於，這一次，一切出於大自然的本能安排。其研究目的在於看出，若不能以活下去為前提，生物根本不會去思考；而最後，靈魂如在茫茫大海中泅泳的尤里西斯，顯得思慮不周，但確實在思考。這個部分，在整個體系中屬於自然哲學，曾受到嚴厲的批評，比被淹死的尤里西斯還不如。目光應該放遠，因為這場將邏輯運用在自然上的船難只不過是另一個開端。

人性得到拯救，並非憑藉抽象的邏輯，而是得力於腳踏實地的邏輯：建造城邦，築起神廟，創造神明。因為人遵循自然，也就是說，遵循風水、年紀和需求；但也根據靈性精神而得到拯救，誠如他從歷史中所了解的那樣。比方說，公平是個純粹的理念，總是不斷自我否定；而法權則是一種現實的公平，一種在海中泅泳並盡力自救的公平。在這段靈性垂危的歷史中，沒有人認不出一道邏輯的破碎迴光。透過藝術與宗教的哲學，這些由泥土、紅磚、活生生的人們，或者，用更強烈的措辭來形容，會思考的動物們所構成的巨大結構，我們將有足夠的評斷。經過現實理念的大豐收，證明已經有了結果：我們的智力工具甚至能夠掌握歷史，如其過去的原貌，如其現在的樣貌。而歷史始終向前行，另外有些學者找到的方式奇怪又笨拙，讓靈魂，我的意思是活著的靈性之人，用來自救，也就是說，藉著吃、睡、惱怒、再躺下，為了重生而死去。於是在歷經一段漫長的沉淪和歷史之後，我們終於看見這種哲學落地，並開啟現在的大地。第歐根尼行走，再也沒有人笑他。

34 不知道是哪個德國人在戰爭期間寫道

1933.8

不知道是哪個德國人在戰爭期間寫道：「人渴望幸福並非真相；只有英國人才有此渴望。」這對英國人來說很不公平，他們的傷亡人數和其他國家一樣多，透過這種方式邁向幸福可真不尋常。但這則來自德國人的觀察讓我明白了我最近重拾再讀的幾頁海涅[12]的文字。這位作者警告我們，提防嚴肅的德國人，他說：你們這些法國人對他們毫無概念。在那些篇章中，關於真正的德國革命，他做出引人注目的預言。他宣稱，這場革命比起目前可見的情緒化及燃燒憤怒的那些革命更是恐怖。所有預言中，僅有極少數經得起考驗；而他的這一則並非全然如他所想像。但重點想法是什麼？從這個想法中能否汲取一點啟示？我想是可以的。

德國最偉大的成就是由康德醞釀出的自然哲學；自然哲學警告我們，嚴防黑格爾所研發的抽象觀念；而正如敏銳的海涅清楚所見：那其實別無其他，正是端出史賓諾沙的泛神論（Panthéisme），並對照套用於現實政治。黑格爾幾乎不操弄抽象，所以在他的邏輯學中，一開始便窮盡所有純理念的把戲。由於這些沒有實質的觀念本身空洞，這個做法將他拋入遼闊的自然界，他辛勤地泅泳了起來，在所有種類的動物身上尋找被束縛的靈性；而這種先於人類出現的詩歌頗有一種野蠻的偉大。那是動植物的大量繁殖；牠們追尋自我，想要解放自我，卻只懂得繁衍，以對抗死亡，沒有長足的進步，永遠輪迴重來。這是頗為強烈的意象：一如那麼多人不懂如何更上層樓，便將希望寄託在孩子身上。這種生命的惡性循環堪比咬自己尾巴的毒蛇。事實上，人類已脫離此境。人類贏得了人性，這項成就後來在文明、藝術、宗教、哲學等領域開花結果；而那正是靈性的勝利，或者，以更強烈的措辭來說，是靈性的救贖。透過神廟、作品、機構制度和紀念儀式，死亡便只是靈魂的降臨。首先我聚集雲氣，讓人們更能感受這神祕中的神祕，並感受它為何能騷動人群。畢竟，站在自己的食糧飼料槽前，人就安心了，即使不高興也不明原因；他平心靜氣地待在那兒，因為他忽略或遺忘了靈性那個嚴格的主宰。

現在，人要如何自救呢？不是憑著改革者們野心勃勃的計畫，因為從來沒有一

12 海涅（Heinrich Heine, 1797-1856），猶太裔德國詩人。

條法律被頒布和施行，我說的是真正的律法。不過，在人類社會中，一切反其道而行；由於鱷魚不斷生長鱗甲包覆自己，人則藉由非常接近自己生活的方式，藉由土地上的勞動來打破這層包覆——財產權和仲裁權則由此誕生；藉由小城裡的商業，形成了布爾喬亞的權益，那時他們尚未被稱為小布爾喬亞。而政體則由這種平民思想產生，範圍不超出家庭和賴以維生的職業。在過去和未來，思想的調節機制始終如此，實際的邏輯和真正的辯證亦如此。沒有自我認知，甚至除了在工作、交易和風尚等基礎以外，沒有對自我的認知；因為靈性應該從生活中誕生並再生，像安泰俄斯[13]那樣時時接觸土地。若脫離了賦予它們所有力量與光亮的平民直覺，藝術、宗教，甚至哲學，將會滅絕。土地的寓意教訓即在於此，唯有它曾翻動世界，留下一點成就。

現在，請根據這些英雄式的觀點，仔細衡量人類的世界：以電力照亮並探知，用機器代勞，像個依賴保母的孩子，甚至到了讓機器為他思考和欲想的地步。而這些機械技藝，以及這種用計量器分配的樂趣，總之所有令人讚嘆的驚奇，據說是美式的，但也是德式的，或至少昨天還是；請把它們加入這場機器戰爭，那是純粹的榮譽之戰，卻又是抹殺榮譽之戰。您或許發現了：在這步上歧途的迷失文明之中，有一項嚴重的錯誤，歸咎於對實用的探求以及用固定代價，亦即最小的代價，去製造幸福的抽象智力。基本上，這是一種魔鬼般的輕蔑自負，曾以最聰明的工業設備去製造生產的民族，良知應有所覺醒。這些觀點，儘管概略，然透過它們，對於如今令我們擔憂的德國躍進，你們將明白其核心與靈魂。精神也會翻身，與沉睡者一樣。

13 編注：根據神話，安泰俄斯（Antée）是大地女神蓋亞和海神波塞冬的兒子。他力大無窮，只要他保持與大地的接觸，即能從母親那裡獲取無限的力量，且無人可敵。

第二部分：行動

L'ACTION

決心

Résolution

35

行動馴服思想，但也貶低思想

1923.10.2

行動馴服思想，但也貶低思想至工具的級別，這在政治生態中可以找到千百個例子。一個講究教義的人當上部長或區長，他立刻大言不慚地把人性價值置於第二位；這是必要性使然。而靈性中最劣等的奴性則在最嚴峻的行動中顯現，那就是戰爭。那個時候，人們衝鋒陷陣處決本來想原諒的人；那個時候，人們把心中最尊敬的那個人推入必死絕境。在此，雄性之心迅猛、英勇、冷酷。

女性的心永遠不太懂得必要性。在此，主導的是人類天性，只顧慮自己，不是犒賞，就是原諒。母親孕育孩子；沒有任何外在必要性能夠改變這個天然的群居體；他們同生共死，永遠忠於自己的法則。這即是女性的判斷，既可說不健全且近乎盲目，又可說絕不會出錯。因為，所有人考量的對象不同。女性弱小且受保護，因而判斷之際，她較擅長從人性出發，而非外在因素。她的模式類似教會，同樣弱小且受保護，承擔最糟的外部需求，但人們始終小看女性。評判女性的價值觀多來自封閉的圈子，如愛情法庭[1]和騎士制度所揭示的。任性、頑固、老調重彈、無視證據、明知不可能而為之，這些效應仍源自那種永遠只考慮人性的評判，而這種判斷當然會根據需求來調節資源，並負責處決從事各行各業的人；這正是巴爾札克寫不厭的題材。

這些原則在孔德的學說中都找得到，只是人們欠缺反省，於是落入幼稚的矛盾。一般公認女性應該服從；而另一種公認看法卻說掌管大權的是女人。實情是，一旦外在情勢出現一點空隙，她便以人性的需求來掌管一切。但若外在需求出現，在男人的指令之下，她便必須讓步，永遠只能傳達一項男人本身也必須服從的命令。如出一轍似地，政治家在景氣繁榮時期服從民意；一旦出現外在危機威脅，他反而要求國民服膺他首當其衝的那些必要需求。

雄性的權力模稜兩可。一個有知識、有智慧的男人一旦掌握權勢，會放棄諸多他個人的喜好。由此，從表面看來，人們會說他贏得了未來的可能性。然而事情的真相是，他到時候要人們服從得更多。人愈積極行動，便愈陷入絕對服從的處境，彷彿伐木工人在大樹倒錯邊時必須跳開自救。有時，為了救其他人，他必須用力推開他們。行動總是突如其來。這股行動的旋風現身在任何小事中，未經商討，表面上看起來有違常理、公正、慈悲和愛，在女性眼中永遠是醜聞陋行。而既然這股雄性旋風狂躁橫掃，醉心急切性和必要性是正常的現象，那麼，其實，有道理的永遠是女性，一如國民永遠比政治家有理。這正是為什麼職業、功能和權力終究貶低了女性。因此，由於一種空泛的兩性平等，人性的核心訴求將被削弱，機械的需求恐怕獨控大權。

1 愛情法庭（Cours d'Amour），中古世紀的宮廷遊戲，依照司法法庭的模式，討論權利與愛情的問題。

36 行動要的是一種陽剛的智慧

1924.9.20

行動要的是一種陽剛的智慧，能盡其所能地安頓事情，絕不蒙住雙眼，不非難他人，不研議無可救藥的事。「天殺的我們真的要沾這個麻煩嗎？」我們已經在麻煩裡了，眼下要做的是從中解脫。廢墟已經造成，錯誤已經犯下，債已經欠了。所以，行動之中需要犬儒精神，這是戰爭時時刻刻給我們的教訓。最偉大的隊長不會那麼堅持己見，亦不會那麼恪守自己的作戰計畫，他會順應局勢，不受其他任何思想壓迫。所以行動一方面淨化精神，另一方面卻又腐化精神。本來想做的，本來認為更好的，總之，是現實所不允許的，卻是最該保留的。然而，行動之人終將永遠依照事態來調整自己的思想。政治人物不需兩個星期，即變成只要求能力做得到的事。以前，這種政策被冠上投機主義之名，名稱聽起來沒有實情美好。無論怎麼稱呼，政策永遠會受到責難，倒不真的因為政策的所作所為，而是因為它曾有如此作為的意願。所有行動中皆隱含的這種冷酷無情、不符人性的成分，自然而然地又回來影響思想，而且總是過度影響。正如我們在那些皈依者或叛教者身上所目睹的：由於無法爭取公正與和平，他們最後會斷言，追求和平和公正是虛榮空想。面對事件，這種靈性的轉折讓步一方面是可以被諒解的；因為，當我們不曾需要親自以公共秩序和全體安危的角度回應，沒有證據就下決定未免太輕易。但每個人卻也覺得不該輕易原諒，不能什麼都原諒。人們應該根據這兩種想法去評判那些可能的戰爭推手；我的意思是，那些戰爭爆發時的掌權者。

對突發事件說不，這股不可動搖的輿情，應稱之為女性的意見。女性，取的是這個美麗字眼本身完整又強烈的意義。就我個人而言，我從未動念將孕育孩子的性別稱為弱勢性別。我反而會說，以狀態來看，弱者是那個積極主動的性別，著手尋找出路，透過狡猾和迂迴的方式通行，因此只得不斷服從。反之，根據生理機能的角度，我在女性身上看見那種人類無可匹敵的力量，即使歷經那麼多失敗——畢竟誰敢自稱完人？——始終一再重現完好如初、頑強堅固、不屈不撓的人性。若沒有這種根本上的拒絕，若沒有這股集中自我的力量，並促使趨炎附勢的心態永遠受到輕視，絕對不會有絲毫進步。這種功能具保守性質，然仔細觀看後會發現，保守的是反叛性。這即是女性凝思的主題。有人根據這起觀察，想否認這件事；一旦朝這個方向去思考，就會曉得，這項觀察反而更加證實此事。古老的騎士精神在這方面表達得非常到位。當騎士向他屬意的貴婦詢問行動的規則時，他的說法卓越出色，拋下豐富的道理讓我們解謎。畢竟，這套女性規則絲毫不是要人依循可能並適應之，反而是要人當充實完整的人，要不然寧可死去。女人特有的天分在此更光芒畢露，勝過用愛餵養希望；最重要的是，它提供了戰勝與回歸的自信，以此為義務。因此，就其天性本質及其實際的思想而言，女人可說是活水源頭，源源不絕地灌注這種無可匹敵的輿情：起初否定事件，最後投入事件，以讚美和指責騷擾冷酷的工具與武器製造者。

37

我不至於說，所有強烈的冀望都是好的

1927.10.8

我不至於說，所有強烈的冀望都是好的。那令人震驚。我們可以提出質疑：有時一場犯罪難道不是一種強烈的冀望？這就是為什麼蘇格拉底那句「沒有人自願為惡」幾乎處處碰壁。也許因為亮光太強，柏拉圖將善比喻為太陽，藉此表示：只要直視善，眼睛就會被刺痛。然而，亮光所到之處也讓我們看見事物不完美的細節。按此道理，我將蘇格拉底的強光照向平凡常見的錯誤並輕易發現：幾乎所有的惡皆源於人類不主導自己的存在，反而自暴自棄。

賽車時，完全不需要在彎道上刻意偏離跑道，機械的力量會自行作用。進行高難度攀登時，不需要刻意跌落，理所當然。酒喝完一杯才喝另一杯，理所當然。忘記一件重要的事，理所當然。各種文件和帳本雜亂無章的放在一起，最後找不到，理所當然。無論做什麼都表現得懶散、疏忽，這顯然不是冀望之事；沒有人會以這種方式行事，也沒有人會負責管理這種工作方式。還有一件事更明顯：出錯不需要

努力，若我們不保持警醒，任何事都可能出錯。沒有任何司法審判能夠自主完成宣判，或如願以機械代勞。凡機械的、可任其運作的，皆屬錯誤且劣質的。一句句子絕不可能自行造好，一首美妙的詩絕不可能自行寫出。有人會想說，靈感非自發性，必須等待；但其實那是一種懶惰的觀點。有什麼比一首美麗的歌謠更為自然？請試著心不在焉地唱唱看。

罪刑，幾乎從來不是刻意犯下的。對於那些被稱為容易激動的人來說，很清楚地表現出人是被情緒帶著走的。所有激動的情感，一如字義所指出的[2]，來自於人們所承受的，而非自己所能控管的。至於貪婪之罪，幾乎是某種煩惱和怠惰所造成的結果。或許沒人能列舉出哪個人的規律人生突然轉變成偷竊度日後，其隨之而來的各種暴力。反之，從過往的經歷中，至少在不為人知的輕忽與怠惰中，我們可以輕易發現某些優柔寡斷和苦惱的時刻。隨之而來的需求握住主導權，機械所帶來的暴力終結了這場冒險。

而體制上的犯罪，比較類似刻意的犯行。我們知道各個時代皆有狂人，想必他們覺得自己值得尊敬。這些罪行是某種理念、宗教、公平正義或自由所引發的結果。在那其中，隱含某種基本的尊敬，甚至偶爾藏有不為人知的仰慕，仰慕那些甘冒生命危險的人，並不奢求任何利益；畢竟，我們對自認為公正或真實的事情所做的那麼少、所冒的危險那麼微不足道，一點也不值得驕傲。當然，於此我發現些許難得的美德，它們要求尊敬，至少也要求部分意志力。但我們該關注的是思想。這僵化的思想，自我設限，只看事情的一面，完全不包容其他人的想法，所以根本不能算是思想，只是某種人云亦云；說實話的人云亦云，有時甚至是真的，但並非全是真的。狂熱的思想中有某種機械式的東西，因為它總走回相同的老路。它不再追尋，不再創造。教條主義宛如一場瘋狂的獨奏，缺少那顆永遠在挖掘的鑽石刀頭：懷疑。這些狂熱思想令人讚嘆地控管著他們的恐懼及渴望，卻不管制自己。它們不去追求多角度的觀點，不去設想敵人的觀點，總之，不進行自由的深度思考，無法開啟說服的道路，在繞道的同時強迫他人。簡而言之，有一種思想的激狂，以及一種對思考的熱情，與其他激動的情緒十分相近。於是這些美妙的犯罪仍屬機械式，而且並非自願。蘇格拉底很有遠見。

2 原文passion的原意是受難。

38

笛卡兒說：「優柔寡斷是最大的惡。」

1924.8.10

笛卡兒說：「優柔寡斷是最大的惡。」他說過好幾次，卻從不解釋理由。關於人性，我從未見過比此更偉大的啟發。所有的激情和徒勞的行為，皆可透過這句話來闡明。人們低估博弈遊戲的力量對心靈所造成的影響，它之所以廣受歡迎，是因為這些遊戲讓人有機會行使決定權。那就好像一項對事物本質的挑戰，將所有一切放在幾乎對等的位置，不斷刺激我們去深思熟慮。遊戲中，一切嚴格平等，必須做出選擇。這種抽象的冒險宛如對思考的諷刺，那一步還是非跨出不可。遊戲立即做出回應，我們不能有那種禁錮思想的悔意，因為其中沒有道理可循。我們絕不會說出「早知道」這樣的話，因為規則正是我們不能知道。我不訝異博弈遊戲是煩惱的唯一解藥，因為煩惱這個動作主要是深思一切，同時明明知道深思熟慮並沒有用。

我們可以質疑：一個戀愛中的人何以痛苦到夜不成眠。或者，滿懷野心卻終究失望的人為何痛苦。在思想中，這類痛苦便是一切，儘管我們也可以說，在肉身上，它也是一切。這種驅趕睡眠的騷亂僅可能來自那些徒勞無功的前思後想，未做出任何決定，卻一次次地衝入身體，導致身體激動躍起，如草地上的魚。由此可見，優柔寡斷這個行為隱含暴力成分。「就這麼說定了，我什麼都不管了」，但思考旋即提供各種調適的方法。一個部分一個部分地，效應顯現，卻從來沒有任何進展。實際行動的好處在於，我們先前完全沒參與的部分會被遺忘，更確切地說，不再有發生的機會，因為行動已改變所有關係。但是，想法上的行動，什麼也不算，一切滯留在原處。所有行動中皆有博弈成分，因為在人的腦子運作到精疲力盡以前，必須結束思考才行。

我經常想：恐懼這種赤裸裸的強烈情感、最教人難受的感覺，恕我直言，其實只是一種肌肉系統的優柔寡斷。我們有種被督促著去行動、卻做不到的感覺。既然痛苦在此只來自於我們無法克服的懷疑，暈眩之感便造就出一張更清晰的恐懼面貌。我們受恐懼折磨的原因，永遠是注入太多靈魂。在這類痛苦中，和在煩惱中一樣，最糟的感受肯定是評判自己無能解脫。我們把自己想成機器，並輕視自己，所有笛卡兒學說一律集中在這項至高的評判，問題的原因即是解決的藥方。這堪稱是軍人的美德，而我明白笛卡兒想借來應用。至今，蒂雷納[3]仍在興風作浪，想治好優柔寡斷之病，並且轉嫁給敵人。

笛卡兒在思想上的做法如出一轍。他的想法大膽，永遠根據自己的意旨行動，永遠在做決定。一位幾何學家優柔寡斷起來未免太可笑，畢竟那將永無止盡。一條線上究竟有多少個點？在思考兩條平行線時，他真的知道自己在想什麼嗎？但幾何學家基於天分，下定決心說，他知道，並誓言絕不更改亦不回頭重新思考。在一項理論中，如果觀察得仔細，我們將只會看見許多清楚定義並斬釘截鐵的錯誤。在這場賭注中，哲人的全部力量來自於永遠不相信他能保證或肯定什麼，他只是做出決定而已。這其中藏著從來什麼也不相信卻能常保安心的祕密。他果斷決定，這才是個漂亮的字眼，並將兩種意義合而為一。

3 蒂雷納（Henri de La Tour d'Auvergne, Vicomte de Turenne, 1611-1675），法國六大元帥之一。在三十年戰爭中大敗神聖羅馬帝國，結束戰爭。之後，卻由於國內政治因素，蒂雷納逃亡荷蘭，並和向來與法國對立的西班牙合作，帶領西班牙軍隊進攻法國，最後為法軍擊潰。一九五一年，他再次回到法國，獲路易十四的支持，擊敗西班牙聯軍，取得一系列領土。一六六〇年受封為「陸軍大元帥」。

39

伏爾泰說：「命運支配我們……」

1923.10.7

伏爾泰說：「命運支配我們並嘲弄我們。」這個曾那麼忠於自我的男人說出了這句話，令我驚訝不已。外來命運透過猛烈的手段而有所作用，很清楚地，即使是笛卡兒也有可能被石頭或砲彈砸死。這些力量足以將我們所有人瞬間從地球消滅。如此突如其來的事件可以輕易地殺掉一個人，卻無法改變這個人。我欽佩那些貫徹到底的個體，將所有時刻轉化成機會；像一隻狗，將牠吃進去的雞肉轉化成體內的肉和脂肪。就像這樣，個體慢慢消化這場事件。這樣堅決地展現意願，是強大的自然天性之特質，最後，在各種事物中可能出現的任何變化裡，永遠找得到出路，強人的特質是將每一件事蓋上他的印記。但這種強勢其實比想像中來得普遍。對人來說，一切都是衣裝：隨著人體形狀和姿勢顯現摺痕。一張矮桌、一張書桌、一個房間、一棟屋子，根據手法不同，迅速地從整齊變成凌亂。無論大小，事情繼續發展，而我們根據一種外在評價來說它們是好是壞；但導致這些事變好或變壞的人，永遠根據其體型來挖洞，像老鼠一樣。請看清楚，他做了他想做的事。「年輕時的渴望，在老年時豐盛滿溢。」歌德在其回憶錄首頁寫下這句格言。而在那些能用自己的配方掌控所有事件的天才之中，歌德正是出色的範例。的確，並非所有人都是歌德；但所有人都是他自己。足跡不夠漂亮，沒錯，但仍處處留痕。他想要的事物不見得鮮明耀眼，但凡他想要的，他都有。這個人，他完全不是歌德，也一點也不想成為歌德。史賓諾沙比任何人更能掌握這些有著鱷魚特質、所向披靡的人們；他說，人不需要擁有馬匹的完美。同樣地，沒有人用得上歌德的完美。但是，商人無論在何處，即使在廢墟裡，仍進行著買賣；貼現人放款，詩人吟唱，懶人睡覺。許多人抱怨沒有這個或那個，但原因永遠是他們根本並未真正渴望。這位上校要去種包心菜，但他本來可能很想當將軍；不過，若是我能研究他的人生，也許我會發現有些事情他本來該做但完全沒做，且他根本不想做。那麼我就能證明他其實並不想當將軍。

我看到有些人不乏手段方法，卻只能取得微薄不起眼的地位。可是他們究竟要什麼？要能夠坦白直言？他們有此權利。絕不阿諛奉承？他們一點也沒有阿諛奉承，也絕不會這麼做。想要透過評價、建議、有所不為來取得權力？他們大可這麼做。他們沒有半毛錢？但他們不是一直對金錢不屑一顧嗎？錢只會流向看重錢的人。哪有一心賺錢卻一毛也賺不到的人，找一個來給我看看。我說的是，一心想做到的人。希望跟決意想要，兩者不同。詩人希望有十萬法郎。他不知道誰會給他，也不知道怎麼得到。他連一小步也沒朝這十萬法郎移動，所以根本得不到。但若他決心寫出美妙的詩句？那麼他就會如實做到。由於他天生的特質，詩句美妙；正如鱷魚之鱗甲，鳥兒之羽毛。這種終將找到出路的內在潛能，我們也可稱之為命運；不過，這裝備齊全且組織得很好的人生，與偶然砸中皮洛士[4]的那塊磚瓦，兩者之間的共通點也唯有命運這個稱呼而已。有位智者這麼告訴我，他說：喀爾文[5]的命定論（prédestination）與自由本身其實頗為相似。

4 皮洛士（Pyrrhus, 319-272 BC），伊庇魯斯聯盟（Epirus）的統領，希臘化時代最著名的將軍和政治家。攻打阿爾戈斯城（Argos）時，他身陷一場巷戰中，被一名老婦人以磚瓦砸暈，並意外被阿爾戈斯士兵所殺。

5 約翰・喀爾文（Jean Calvin, 1509-1564），法國神學家。他認為人是否得救取決於神的揀選，在這件事上，人的選擇是毫無主權的。

良知

Conscience

40

盧梭說：「良知必能教導我們……」

1922.3.22

盧梭說：「良知必能教導我們，其管道是羞恥感以及對羞恥感的記憶。」關於這一點，專業之人如品格教師和公正理論學者則認為，良知需要公開透明；比方說，支付某種價錢或薪水算公正或不公正，這並不容易知道。但這是以警察的觀點來看待事情。盧梭屬於野性之人，他以原貌來看待美德，完全不看外在效果。你可以為命令折腰且絲毫不會被視為懦夫；但若在折腰時，恐懼致使你的背脊有點過度發涼，這種感覺便只有你個人知道。只有你嘗得到這般滋味，並調整自己的奴性程度，沒有任何犯錯的機會。只有你知道，你想做什麼、想怎麼做，以及恐懼有多麼干擾你，致使你動彈不得，或者影響你繞道迴避。再怎麼盛大的讚美也絲毫無法抹除恐懼的痕跡，你的感受是如此清楚。

憤怒，是另一種凌亂無序，而且帶有獸性，有時會被刻意隱藏。別人看你冷靜有禮，但若是你無法平息這股壓抑的狂躁，若為此少了一個小時的睡眠，若在面對自己的情緒時宛如面臨叛亂的國王，那麼你會清楚感受到這股情緒。即使只是回憶，這種狀態仍令人羞於細想。我們可以持有自己的立場，甚至必須這麼做。但是說到底，當你原諒自己，做出明智之舉，你始終未能抹滅各種程度不一的羞恥感，隱隱的羞恥，卻尖銳辛辣，狠咬不放。關於這個部分，請讀《懺悔錄》；沒有任何一本書如《懺悔錄》這般有這麼多人讀過，這便足以證明，人人在這本書中看見自己。

感官的騷亂是一種十分可怕的暴動，我們幾乎束手無策。然而，當騷動完全不違背我們所想要的，狀況還說得過去；畢竟人們必須接受獸性的成分。只是，一旦偏離原已決心要做的事，你會覺得自己像奴隸；羞恥感難以消退，謹慎和防範之心隨之而來。而倘若你內心不正，亦即奪取、保衛、囤積之怒使你偏離原本決定好的初衷，同樣的效應將再次發作。捨不得積欠的那筆錢，即使債還了，自身的樣貌依舊醜陋。若由於興起了這種貪念而無法付錢還債；或因為克服不了這份擁有眷戀，或者說得明白些，克服不了占有欲，進而無法乾脆地履行合約；從此以後，羞恥感便會標記著這種行動或行為。而這種不公正與其他人的實際權益毫無關係，僅是一種吝嗇暴走的結果，違背了你對於原先承諾自己之事的看法。在那份看法上，你大可飄忽不定，那是警察該管的事；但是當你珍惜欲望的潛能，珍惜導致你失敗、控管不住內心自我的反叛行動，你絕對不會迷失方向。一切發生在我和我之間。其他人一無所知，而我，沒有任何事物能逃過我的法眼。

41 有人吹捧蘇格拉底英勇

1908.3.1

有人吹捧蘇格拉底英勇，說在某次事件中，雅典人戰敗，他獨自光榮撤退，其他人則像兔子一樣落荒而逃。聽到這樣的讚美，蘇格拉底大笑起來，說：「你以為我勇敢，事實上，那一天我比其他所有逃跑的人更沒有勇氣。因為依我評估，必須要十分自負且輕看危險的人，才有可能在被敵人包圍時扔下武器，轉身背對敵人並成為箭靶；而我呢，面對追兵，睜大眼睛，眉頭深鎖，盡力揮劍搏擊，當時的我近乎處於被恐懼逼迫的狀態。找不到其他抵禦方式而拚命躲在盾牌後面的那個人，相較於閉著眼睛奔逃、彷彿陷入無底深淵的人，我看不出前者何以比較勇敢。我只知道這兩人之中，其中一個比另一個聰明。」

聽到這番關於勇氣的奇怪論述，在場的年輕人們無不呆若木雞。他們覺得腦中熟悉的觀念彷彿煙消雲散。藉由這種詭譎的說法，蘇格拉底幾乎每每造成這般效果，所以他有個綽號叫電鰻。

卻見一名嚴肅的人起身，對蘇格拉底揮舞拳頭，大嚷起來：「你有什麼權力一把火燒掉你行動的美好成果？為什麼要貶低你的美德，說成最可恥的短處？請你直率單純些，讓那些讚美你的人說話；因為城邦不僅需要正確的行動，激勵人心的言論也很有幫助。為什麼要玩文字遊戲？為什麼總要像個反穿長袍的醉鬼，盡說反話？你沒看見嗎？你為那些打算帶著妻小前去山洞深處躲起來的懦夫準備了多少藉口？而其他人卻在城牆上奮戰呢！蘇格拉底，那一天，你逃走了還比較好，那麼你今天就不會在這裡大言不慚。你的勇氣為我們帶來好處，只是你那諷刺的謙虛卻為我們帶來更多壞處。你凡事表現得像好公民，但你的思想缺乏敬意，說話不尊重人。你的聰明玷汙了你所有的美德；你服從神明，卻不相信神明；你有勇氣卻不讚賞勇氣。你可以冷冷地為國捐軀，但其實你更願意為捍衛自己的悖論而死。你把你不熱愛的熱忱丟給我們，宛如施捨一根骨頭給小狗。你的美德不在乎品格。小心神明公正合理的怒氣。」蘇格拉底陷入無底的沉思。而在監獄裡，奴僕已開始研磨毒芹。

42
人們再也不閱讀《致外省人書》

1921.8.19

人們再也不讀《致外省人書》（*les Provinciales*），但必然會讀《沉思錄》（*les Pensées*）。在此我泛指的不是教授和學生，他們勢必得讀；我指的是讀者：未被馴服的動物，品行尚不為人熟知的一群人。書店間接見證此事：你可以隨處找到帕斯卡某個版本的《沉思錄》，符合近期出版品的格式，擺脫了學校教導我們的那些重點。但誰會喜歡這般突兀的哲學？某個唯恐下地獄的天主教徒？我根本不相信這種事。或者與我們相同的那種天主教徒，我想稱之為自由思想者。是否進行彌撒無所謂。這群孤獨個體在我國分布廣闊。

確切地說，那是什麼？一種無畏的思想。決意輕視一切重要事物。對一切進行最後審判，在那個場合，國王們和出生時一樣赤裸裸。耶穌會一點也不為此所苦；可喜的是，本以為被人遺忘的《致外省人書》之爭，又慢慢回到檯面。不進行彌撒的耶穌會門徒不在少數，而耶穌會的本質即在於有些事情絕不可說，絕不去想則更好。不進行彌撒的耶穌會為有能力的人們祈禱，為省長、院士、將軍和部長錦上添花，他們一穿上禮服即獻上阿諛之詞誇其完美。所以常見他們交換官方式的微笑。啊！身為耶穌會成員多麼美妙！聽著這些催眠的言論，帕斯卡上場，將那些人全部喚醒。「我願意向所有握有權勢的人脫帽，」他說，「跟你們一樣。但我們必須了解為什麼要這麼做。我很願意當奴隸，但不想當傻瓜，即使我很天真。想死就要找醫生，而如果我不選擇有執照的醫生，便會求助於治療師和巫師，任他們圍著我的軀體互鬥。正如在政治上，出生就有統治權的傻瓜沒什麼可怕；但上千個為爭奪王權而大打出手的半吊子則不然。從這個角度來看，已建立起的權勢是應得的，我向他們致意。但不帶尊敬。要我脫帽，可以；要我尊敬，不行。」

耶穌會信徒灰頭土臉。你不能把一個服從的人關進牢裡。為什麼要明白說出這些苦澀的真相？既然必須致意，索性尊敬不是比較簡單？禮貌天天製造奇蹟，以開放的姿態引入尊敬，並一路推到後腦勺。祈禱是一種禮貌。你變笨了，對；但不可以說出來，首先不可以這麼想，整段經歷的目標就在於此。這個帕斯卡大逆不道，犯神瀆聖，嚴重地大逆不道，犯神瀆聖。看看他的思想如何左右他的後腦勺。不過同樣的，千萬不能說，因為人們會閱讀這位新一代路西法，名副其實的光明使者。

讓我們熄滅燈光，照章行事。

我遇見過幾名這種半耶穌會信徒，他們仍然思考得太多，想為被控訴愚昧的國王辯護。「可憐的人，只是虛榮浮華。你究竟想要他做什麼才好？」但是，親愛的半耶穌會信徒，這話不該明說，因為沒有任何人能對只有一半的想法服氣。而他，立刻設法熄滅自我，尋找牌戲。這種懦弱的心態或許是人性唯一的缺陷。唯一招來惡果的短處。我喜歡那些想賦予事物真實名稱的無產階級。請注意，他們之中也有耶穌會信徒，特別還有不少半吊子，想把自己封閉在那半套想法中。然而，只思考一件事情的人，他反而做了全盤考量。至於極端狂妄的批判者，沒有人能去除我的看法：我堅信，若他們採取服從，他們將所向披靡；相反地，若是反抗，我眼看那打不倒的耶穌會，還有人們該崇拜的，權杖上的那頂帽子，將捲土重來。我們仍在原地打轉，而帕斯卡早已遠遠超前。

43 政治問題幾乎難以涉入

1931.1

政治問題幾乎難以涉入。強權統治。輿論統治。奧古斯特．孔德領悟到這兩大公理，並置於眼前持續關注。世界上沒有任何政體會以其他勢力來限制統治的勢力，沒有公權力不高出任何私人力量的社會組織，沒有警察行動不以立即解決抗爭的方式來達成目標。首先，發出邀請，魄力十足，力排眾議；不久之後，發出限令，強權展現良好的秩序，而且無可動搖。暴力已經不遠，如在普羅米修斯的神話中，維歐倫斯[1]靜靜地站在釘下鐵鏈的孚斯[2]身旁。拘禁就此成立；即使被捕的人無辜，也無法改變行動。無辜者高舉法權大旗對抗強權，可惜理念與事實毫不接軌。能對抗強權的唯有強權；而一旦某種勢力，如受無辜者吶喊感動的一群人，凌駕於公權

1 維歐倫斯（Violence），希臘神話中的神，即暴力。

2 孚斯（Force），希臘神話中的神，即強迫。

力之上，秩序便會消失，社會自此分崩離析。只有取得勝利才能重建。戒嚴狀態持續，永遠持續，只是非必要時不顯現。同樣地，警察的拳頭只在需要時才會握緊，一切端看反抗程度而定。強權仍應恪守法律。

恪守法律。但我覺得此處模擬兩可。透過這種普世通用的政治公式，人們根本不認為應該獲勝的是司法、政體，即所謂的合法強權；不是那些；無論是否公平，該獲勝的應是能代表法律的一方。任何動亂無不提醒著這苦澀的真相。但在我看來，這頗像交通警察的手勢。畢竟，突然停止一方車流，改由另一方通過，這樣的決定根本不一定是最明智的。交通警察可能冥頑不靈也可能怠忽職守；於是我們會看見：少數車輛朝同一方向行駛，另一個方向卻聚集成車陣。但是，裁判官並不一定是趕時間的乘客，而若他想抵抗，便會見識到何謂強權的力量。

這個例子很好，因為簡單易懂，一目瞭然。我們甚至可以在此看見輿論出現，喇叭齊鳴，喚醒那個交通警察。這時，員警將搖身變成首長，也就是說，剛愎自用地對抗民意之後，他將有所讓步——這個全世界最輕鬆的舉動。沒有任何權勢不曾頂撞輿情。在那些銀行醜聞中，我們清楚目睹輿論現形；雖然只不過是一陣輕風吹過，但那是民意。最傲慢的權勢也須立即向輿論低頭，宛如火焰迎風，此事值得一說再說。讓人心生疑慮的是，人們常把一般認為所有人都該有的意見當成輿論。但是漸漸地，輿論變成封閉、祕密、無聲、頑固之事。這是誰的錯？教化是必須的；然馬可・奧里略[3]對這件事做了最好的註解：「你有能力，就教化他們；如果無法教化他們，請忍受他們。」

這強大的輿論從何而來？畢竟它終究沒有任何強迫的力量。能獲勝是因為強權出現某種麻痺鈍化，使所有成員皆染上優柔寡斷的習性。是否因為廣大的公民展現出另一種強大勢力，而扳駁不倒？未經組織的天真無知不總是被決斷的強權征服嗎？我不知道。不過，此處關乎的是人，人受羞恥感和榮譽心支配。有野心卻對輿論無動於衷的人是怪物，不可能存在；假設真有這麼一個人，他也永遠無法取得權力。謠言是野心家的糧食。他凝聽，釐清所有混淆不明，根據這些外來風聲自我膨脹，或自我喪氣。當一個政府的決斷充滿魄力如剛上任時或在戰爭期間，當一個政府能輕快依法施政，那是因為輿論站在它那一邊；而這個狀況，如我所言，是一種不證自明的公理。但輿論是盲目的嗎？我要回到馬可・奧理略的話：「如果你做得

3 編注：馬可・奧里略（Marcus Aurelius, 121-180），羅馬帝國皇帝，也是斯多噶派哲學家，有「哲學家皇帝」之稱。著有《沉思錄》。

到，就教化他們。」

在德雷福斯事件[4]那段期間，我們見識到一些權勢，他們曾經堅定發誓，仍得到軍事組織本身支持，卻被輿論風向吹得煙消雲散；只待幾個非常清楚的狀況讓人民學到這件事。闡明輿論並不總是容易。若不能好好說明，起而對抗強權也是枉然。只消對輿論有所懷疑，只消輿論令人困惑，強權便又豎起，因為無論既往、現在、未來，它都不變。反之，沒有什麼比這可怕的強勢力量更有韌性；它如同演員或演說家，感覺得到廳內的猶疑與冷淡。他們因而心死。不會拖太久。

4 編注：阿弗列．德雷福斯（Alfred Dreyfus, 1859-1935），法國猶太裔軍官。一八九四年，因其猶太裔身分而遭誤判叛國，多年後才獲致平反，法國社會不得不正視自身反猶太主義的傳統。史稱「德雷福斯事件」或「德雷福斯冤案」。

44

所有來到世上的人

1932.6

所有來到世上的人無不落入比自己強的人手裡：父親、母親、保母；因此他同時學會恐懼，並尊重、喜愛強大的力量。這是人心的第一層基礎，矛盾也在此醞釀，因為，痛恨自己所恐懼的是天性。這雜陳的滋味不斷重現。每個人盡皆效忠一位主人，並樂意稱讚他，相當於為服從錦上添花；然而，主人的招數卻是利用熱愛榮譽的心，透過某種信任關係來抬舉讚美他的人。這一點，我們在各種國王出巡的行列中都能觀察到：那些國王從來不缺歡呼喝采。我發現，國王亦有一種矛盾和虛榮，因為他不能過分享受強迫而來的喝采，無知的他或許更不樂見自發性的喝采：那之中總有幾分威脅隱隱作祟。絕對的權力是一道無解的問題。然而，人們體驗它、歡迎它、喜歡它，並認為它必會公平公正。所有權力皆曾經歷風向轉變、背叛及唾棄；所有權力也都忘了這一切。而順從者仍有其他事情要顧及；他有工作，有要慶祝的事，有其所愛。整體而言，仇恨既不舒服也無益健康。反叛行動本身也想要一個受人愛戴的領袖，這麼一來，舊有規範立即回歸，一般正常人皆能清楚預測這樣的狀況。基於這些原因，已建立起來的政權可以維持長久。儘管如此，政權仍有脆弱之處；有時可說，這件事奴隸比主人清楚。但這些事又不能明說。

盧梭，他是第一位，或許也是唯一一位將權力剖析入骨的人。一旁的伏爾泰和盧梭相較起來，什麼也不是，只是一名對現狀不滿、尋求好國王庇蔭的人。這是因為伏爾泰和那嚴峻時代的其他恐怖小孩一樣，並未深入探討到道德層面；他認為對一個過得去的社會來說，誠實不過是感受上的一致性；總之是文明與否的問題，所以需要一位好國王，達成一種協議。盧梭長期受到忽略，且終生流浪遊蕩，得以找到時間孤獨地進行徹底的思考；而且常面對被無禮強迫的經驗。他也領悟到，在道德上，我們只會受到自己的強制壓迫。顯然，只因為被迫誠實才誠實的人一點也不誠實。但是若願意花時間思考，我先前所說的混雜已然崩解；自由屬於善的這邊，而且與所有美德皆密不可分，這時強迫之力等於零。這一切凝聚在《社會契約論》那短短的篇章，主題即是最強者之權益。他在書中證明，強者的權益根本不存在，在道德上，我們根本不是被潛在的強大力量強制，而是被逼迫。小偷用手槍逼迫我，他可不是在強制我。這一點人人都懂，現在請套用在國王們身上。在剛才已經懂得的人當中，有一大半會立刻發現，思想是一種煩人的負擔。只是，該如何阻止絕對不該說的話被說出口？從此以後，我們必須生活在這種暴力的狀態中。人權聯盟竭力不讓自己存在，卻做不到。

解決的辦法在《社會契約論》裡。書中稱全體人民為最高權力者，而其他所有的，無論是國王、執政官、上校、法官或代表，皆僅稱為行政官員，請將這個稱呼理解為人民公僕的意思。根據這樣的設定格式，盧梭本人曾說，我們以後的生活不可能不出現小型共和國的聯邦；但是，在那之前，先讓這個觀念支撐我們。民意選票是暫時性的至高統治。在那之後，各方權勢以行政官員之名捲土重來，實現施政、征服、殖民以及戰爭，並以至高統治者之名簽訂反極權條約，讓每個人服從所有人，領袖以所有人之名領導的可疑觀念發揮功效。當事態緊急、當檢查之單純意圖受到如此嚴懲，我們如何能知道？戰爭，或僅僅戰爭的威脅，足以使人民重新變回奴隸，打的正是自由之名。然而，這些恐怖的領袖終究會被部隊審判，奪去政權，一敗塗地。沒有一個野心家不每天詛咒盧梭三次。

公 正

Justice

45

沒有任何社會希望契約無效

1932.7.16

沒有任何社會希望契約無效，或根據訂約某方的意願而未生效。若是開立支票，就不能將存款不足的支票視為正常可行之事。不能立法通過犯罪不受懲罰。不能立法通過認定偷竊是致富的手段之一。為什麼？因為偷竊不是真正的工作；因為偷竊的本質在規則之外。空頭支票就不在規定之內。因為有意毀信的契約在規則之外。因為犯罪在規則之外。這些利用某種公認慣例並去違反一次的行為，皆是某種特殊意志的效應，甚至可說是孤獨且隱晦的意志，無法與所有人成立契約，其意圖亦不能公開。柏拉圖便曾說過，幾個土匪成不了真正的幫派，因為幫派是一種社會，對待每位成員都要公平公正。很顯然地，土匪的規矩只可能是人人一有機會便立即背叛盟友。光是這種思想，假設所有人都這麼認為，那麼幫派也沒了，每個土匪各自為政，自行冒險。所以，反過來說，假如有了社會，而且只要有社會存在，每個成員都想要某種人人平等的規則、一種定律；而這種定律是人人都想要的。想要，意謂著也許他們做不到，但並不否認這條定律。這些觀念皆可在盧梭的書裡找到。柏拉圖任這個觀念隨風飄散，與其他許多觀念一樣；那是他的做法。盧梭則將之具體成形，而社會契約論已動搖整個地球，並且會繼續搖撼下去。能創造觀念的人少之又少，用指頭都數得出來。

這個例子很適合顯示思考的困難。因為我剛才提醒的那些重點都順理成章，但為了蒐集並讓藏在其中的想法具體成形，需要強大的頭腦和空閒的生活。忙於賺錢的人完全沒有時間思考，將思想化整為零變成課程的人也完全沒有時間思考。再說，盧梭也只寫在他那本政治著作的引言。引言中，他朝我們迎面拋來兩大問題：集體意志絕不會出錯，以及所有法規皆為公正。而這導致所有博士學者咆哮狂叫。因為他們不會把這個觀念具體說出來，就像某個反對幾何學的人說直線不存在；但是，若不透過觀念，如何得知直線不存在？同樣的道理，若不透過觀念，如何得知某條法規不公正？不過，我們應該這麼敘述比較好：不公正的法規就不是法規，也就是說，它並非所有人想要的，也並非人人適用。

於是，有人要求我引用一條真正堪稱法規的法規。引用一種觀念和引用一項事實不同。我十分樂見盧梭給出了一套公式，顯示一條公然矛盾的法規已完全不是法規：「我們兩人之間有一份契約，你被強制要為我這樣和那樣，但我並未被強制要為你怎樣。」兩人之間的所有契約都該平等對待兩人，這正是契約的精神。有人說，如此一來，這個世界上一份契約也不存在。這是有可能的；交易的兩件事物是否對等，難以評量；裁判永遠很清楚評估的重點及原因；彷彿思想中已有整份契約的範本，並據此評估為何這麼一份契約算是契約，或者為何不算。由此，一個社會觀念能從我們不成形的嘗試中被擷取出來，從此當成範本使用，強權因而驚慌失措。整個社會主義的意識形態即由此而生。因為，假設一份薪資低等微薄，所有人大致清楚，工人很可能願意接受。但是，若他要在公證人面前簽下這麼一份契約，那就不一定是一份契約。在此，公正上場，這是一個抽象的角色，並無任何實質存在。強權對公正嗤之以鼻。強權的確辦得到很多事，卻不能把不公正的事說成公正，而這證明了這是對所有人來說敏感甚至痛苦的一點；強權的詭辯士們不斷想證明強權公正、值得尊敬。一個強權法官夠專業的話，應該會吊死盧梭。但對於知道某件事或不知道另一件事，我們完全沒有選擇；為強權辯護，永遠等於在反駁強權。

46

主人和奴隸的關係是整個歷史的癥結與動力

1928.4.1

主人和奴隸的關係是整個歷史的癥結與動力。黑格爾在這方面精采深入，以作用在這兩種人之間的相吸、相斥運動大作文章；畢竟，只要提及其中一端，便會想到並召喚另一端，但也會盡可能地讓他離自己遠一點。這如同比較布洛涅森林和文森森林[1]，或比較香榭麗榭和美麗城[2]。於是，最出色的辯證出現：因為工作的關係，奴隸變成主人的主人；反之，主人成了奴隸的奴隸。歷史無止境地讓我們目睹到主人的權力被罷黜，奴隸得到勝利加冕；循環永無止境，因為沒有任何冠冕能長久戴在任何人頭上。士兵評判將軍，將軍卻完全不評斷士兵。在主人的思想中，一切如美好幻影；而在奴隸的思想中，一切是赤裸裸的嚴苛真相。因此，由於戴著勝利冠冕的人腦袋空洞，翻轉運動成功，被管控的人搖身成為管控者。最不起眼的僕役對主人的了解遠多於主人對這個僕役的了解。這種差異也顯現在他們對事物的熟稔度上；畢竟終日無所事事使人笨。沒有一個獵場看守人不比領主更熟悉通道和小徑。而且，永遠必須為他人工作，付出比收穫多；由於這項規定，奴役足以養成一份個性。

菁英分子的膚淺令人心驚；他們連形成一種嚴肅的思想也不敢，總在關注這會把他們帶往哪裡；這如同玩桌遊「快樂舞蛋」[3]，最後連形象風格都被破壞。他們不敢玩。因此，主要動力耗損得比其他動力來源還快。有誰能給我看看，哪種菁英思想最終不以防範這個思想本身做結。相反地，一無所有的人不怕思考；在他的思慮中，沒有那種如某個作者所言，賠錢商人的嘴臉。

在這個人們戴著純白胸襯吃晚餐的城市集中區域，絕不會產生思想。我們之所以稱皮耶．宏普[4]為災難，而這個用詞當然不致過度強烈，是因為他毫無防備地僭

1 編注：布洛涅森林（bois de Boulogne）和文森森林（bois de Vincennes）分別位於巴黎西邊及東南邊，被喻為巴黎的肺葉。

2 編注：香榭麗榭（Champs-Élysées）和美麗城（Belleville）兩處分別位於巴黎不同區。

3 快樂舞蛋（Danse des oeufs）的玩法如下：每回合擲一顆骰子，最先達成骰子的指示的玩家可以再丟另一顆骰子，接下來拿取一顆雞蛋放在骰子指定的身體部位，當任何一人的雞蛋不小心掉落時，遊戲就結束了，此時擁有最多雞蛋的玩家獲勝。

越了這條界線。我還看出，由於力道較小所以不致那麼明顯，同樣的不幸如今正發生在其他人身上。富裕生活的不幸，不幸更勝富裕。需要說服他人的人正巧欠缺說服的技巧。他們有如盲人摸象，而消滅政權要靠思想。求知是窮人的事。

因此秩序顛倒了，腦袋空空的被拱到上位；我完全看不出重整的急迫性，只要知道這個現象就夠了。我清點出不少會思考又不想要金碗盤的人。在這種完全無法退場的情勢中，容我這麼說，若真正的菁英願意留下來席地而坐，我便能窺見一絲曙光：透過這種不帶任何私欲的判斷，可望出現一種較能持久的平衡。畢竟，政府積弱不振也就罷了，自由之人竟一點也毫無所覺，這是一種缺損；而權杖上那頂象徵性的帽子絕非真的是個那麼糟糕的國王。有時候，當民眾發現自身不再受到足夠的控管時，從他身上可觀察到一種十分可笑的擔憂。我不認為曾參與戰爭的人也有這種感覺，我說的是奴隸。只要他們依據這場昂貴的經驗來教育年輕人，在帽子一世殿下的統治之下，一切還是能勉強過得去。

4 皮耶．宏普（Pierre Hamp, 1846-1962），法國作家。自學者，精通三種語言。從學徒開始，曾從事多種工作，後來進大學受教。著作豐富，多關注勞工議題，並曾擔任《人性報》專欄主筆。

47

謹慎的亞里斯多德注意到

1924.4.26

謹慎的亞里斯多德注意到城邦多建立在友誼的基礎上，而非公平正義。因此，他首先觀察血緣關係，寧願研究哪種公平性能適用於每一種友誼，而不想從各種理念之中空降沒有區分的公平。因為，他說，認為父子之間毫無公平性可言是荒謬的；同樣的，相信他們之間的公平性與兩個兄弟或兩個商販一樣，也是荒謬的。母親對兒子的天生情誼又是另一種，所以，也有另一種公平性。或者應該說，無論在誰和誰之間，允許相同的事物、捍衛相同的事物，完全是不合理的。比起迎面而來的路人，我對我的朋友虧欠較多而且方式不同；身為兒子的，對母親虧欠較多而且方式不同，對父親又是另一種方式。奴隸與主人的互相虧欠則少得多，而主人對待奴隸，簡直可說是對待戰俘，因為在此絲毫沒有友誼的成分，就算兩人之間還殘存一些情分。

父親的公正決定君王的公正；兄弟的公正則決定民主的公正。暴君的公正，若這個說詞成立的話，則類似主人對奴隸的公正。但讓我們深入一點檢視夫妻之間的情誼。這是一種什麼樣的構造，像哪種政治上的公正性？亞里斯多德說，那是貴族政治，也就是說，最完美也最難得的政府：治理者是最優秀的，意思是每個人最優秀的部分，做出最適合每個個體的行動。在人類社會中完全找不到這樣的結構，也許，除了在船上。在船上，當然由最優秀的航海員來解決航行的問題，由最好的漁夫來解決捕魚的問題，一如宣布看到陸地的，必然是視力最好的船員。但是，在人類的配偶中，我們很快就看到他們各自做著什麼樣的工作，而且性質完全不同，例如一個哺乳，一個釘椿。因此，可以說在這樣的社會中，根據行動之所需，每個人都可服務另一個人，每個人都可管理另一個人。所以，他們既平等又不同。平等，就是因為不同。我不傳達，傾向模仿，以便繼續這場思想運動，並用來對照我們的問題，盡量不過度流失這股樸實的力量。

我們的各城邦幅員遼闊，跟家庭毫不相似；所以讓它們聚集起來的情誼比較類似兄弟之情，甚至不及。這就是為什麼要根據平等原則來解決公正的問題，而且這麼做一點也沒錯。但是，如此不謹慎地回到夫妻生活這鞏固在自然基礎上的組合，並想把那種適用於市集和分界牆的低階公正性，像戴項鏈似地套用其上，難道不是張冠李戴？當然我們可以用這種外在的公正性來支持夫妻組合，但那就像用一條繩索或一根支柱撐起一棵大樹；可以防止樹幹裂開，但分叉的兩根樹枝能一起存活所靠的並非支柱和繩索。不，而是一種更完美的組織和交錯、纖維和維管束。同時，商販的公平性十分粗糙，不適用於夫妻的私密公正性；那來自對應和諧的情誼，建立在功能和差異上，而且根據大哲的說法，有貴族特質。而在這種關係中，立法機構的補救辦法類似醫生的藥方，可拿來與食物比較。透過幾句話，容我在此提醒：曾經有位亞里斯多德，仍值得我們向他學習。藥方適用於病人，但我們靠食物生存，而且吃得歡喜。女性的權益當然不容忽視，何況它能調節政治社會的問題；但權益這個觀念來自交易，對婚姻社會而言極度陌生；只有以醫生的身分才能介入。人人皆知疾病這個觀念對健康不好。我們的女權主義者有點太像可諾克[5]，他預防性地想讓全村的人臥床，每個人的嘴裡插上一支體溫計。健康會呈現更細膩的反應和更有效的建議。這個例子說明為什麼後來會出現一種過度大膽的柏拉圖主義，認為是理念創造生命，而非先有生命，然後用理念來幫助維生。柏拉圖主義與救贖心靈之間的關聯，正是社會主義與救贖社會之間的關聯。

5《可諾克或醫學的勝利》（*Knock ou le Triomphe de la médecine*）是朱勒．羅曼（Jules Romains）的一齣諷刺喜劇，藉著主角可諾克而揭發醫學、意識形態、商業等方面的各種操控手段。

48
柏拉圖的《對話錄》中有一篇〈高爾吉亞篇〉

1909.12.29

柏拉圖的《對話錄》中有一篇〈高爾吉亞篇〉（Gorgnias），人人都能輕鬆閱讀。在這個篇章中，可找到尼采的基本學說以及來自常理的反駁，如同人們現在若有意解凍那些尼采冷凍起來的常理時也會做的一樣。古代人的想法和我們類似，而且說得比我們更好。

所以，在〈高爾吉亞篇〉裡，我們看到一個嘲笑公平性並高唱強權萬歲論的卡里克利斯[6]（Calliclès）。他說，公正是懦夫的發明，目的在得到安寧；無知之人才會崇拜這種化身公正的恐懼。事實上，公正從來未曾強制我們去做任何事，這就是為什麼人只要有勇氣和強權，就能擁有權益。

今日的卡里克利斯仍對我們高唱同樣的論調，工人依舊無權無勢，所以沒有任何權益；老闆及其黨羽享有所有權利，只因為他們的權勢毋庸置疑。因此這個社會政體不比另一個好或糟，卻永遠對強者有利，而那些人為此稱其公正；然對弱者來說，則永遠艱辛，於是他們稱其不公正。卡里克利斯如是說，我只修改幾個字。當他結束這場驚人的演說，所有人都像你現在若看見類似的談話再次流行起來時的反應一樣：所有的目光轉向蘇格拉底，因為大家都猜想他對公正有截然不同的想法，而且應該絕不會錯，因為在某些段落，已經看見他搖頭表示「不對」。他沉默了好一會兒，提出這個看法：「你忘了一件事，親愛的朋友，那就是幾何學在神界和人類世界裡都具有強大的勢力。」對於這個回應，如同對下棋的棋手那樣，我想喊一聲：「太好了！這是一步好棋！」

整個問題的核心都在這句話裡。一旦理智被幾何學和其他同類型的事物啟發，我們就不可能再像以前那樣懵懵懂懂地生活和思考。我們對自己的理智不夠關心，對肚皮也一樣。並非因為肚皮強求鄰人的麵包，且一定要吃飽睡足，理智便應該滿意。甚至，值得注意的是，肚皮吃飽了，理智可一點也不會就此沉睡，反而變得前所未見的清晰，而欲望則有如一群疲累的獵犬，一個個倒頭大睡。總算有人致力去明白何謂一個人和一個人群社會，公正或不公正的交易，依此類推；還有何謂智慧

6〈高爾吉亞篇〉中與蘇格拉底辯論的虛構人物。

及自我內心的平靜，以及這一切，在理智管控之下，除了是某種欲望的調整以外，還可能會是什麼？因此，理智自然呈現出合理的交易和均衡的欲望，總之，一種理想典範，不是別的，就是正義與公平。於是，不可避免地，富人的理智和窮人的欲望會朝同一個方向發展。而這或許是人類最大的成就。

有些人提出反駁，認為理智來自經驗，與其他特質一樣；來自利益，與其特質無異。這些人始終不希望理智作用的方式和肚皮相同。畢竟眼睛不是胳臂，即使兩者都是大地的產物。

49 公正的人會置身事外製造公正

1922.5.10

公正的人會置身事外製造公正，因為他本身持有正義感。所有欲望、恐懼和憤怒皆服從管理，公正的人絕不在自己身上培養那種占有或奪取的陶醉，因為那會造成不公平。因此柏拉圖描繪出真正的公平，不但能用來建立法律，且絲毫不受法律壓迫。晦澀難懂的尼采則試圖將權力（puissance）提升到善與惡之上，在我看來，他並未充分明瞭：最高的權力正好在其本身內部，而且繞了這麼一圈後，蔑視外來法規，亦即輕視警察，也終結警察。而這樣的運動可在福音書中讀到：在反對舊時律法的同時，終結它。

我絕非痴人說夢話，柏拉圖也絕不是。我從未遇過不帶狂怒的不公正，也沒見過心情愉悅的貼現人。擁有和保存令人欣喜；另一方面，取得卻很困難，必須有個憤怒的後盾，並打開監獄的門，如人中之神[7]所言。人人都可注意到，優雅的人們也有付得少或賺得太多的時刻，而那看起來並不美。我認識一位功高名重的爵士，技巧高超，能從五法郎的海運損失中要到一百法郎的賠償金，有時賠他的公事包，有時賠他的單車；但他這麼做的時候無法不撐著猙獰的臉孔，想必這也是操弄手段的一環。那張臉上，笑容可憎，必須這樣才有用，一旦他流露出俊美的面容，冷靜、不記仇、內心平靜和良好的控制，看起來便少了求償的力道，只會得到應得的權益，或許更少。為了保持優雅的風度，總需要損失一點錢財。這就是為什麼，司湯達爾[8]筆下的雷納爾先生一聽見和錢有關的事便皺起眉頭；他啟動最惡劣的一面，打開監獄的門。在這方面，一旦不公正，便立即受到懲罰。這就是內在教義的運作。

不公正的人則對外製造不公正，並且立刻得到報應。在此出現另一種懲罰。你打人，結果也感到挨打的痛楚。我曾近距離欣賞作戰者的天真，他認為投擲砲彈自然合理，被砲彈轟炸卻是殘酷可怕。但砲彈根本不會判斷，只是機械性地被丟出去後爆炸。試想以暴制暴的後果。拳頭在欲置人於死的同時，自身也受傷。武器在耗損另一武器時，也耗損著自己。偷盜者人恆盜之，遊戲規則使然。學校裡，一個魯莽的男孩會被迅速矯正。一個人永遠比結盟的兩個人弱。但兩個結盟的人不正是兩個被一份協議綁住的人嗎？經過這樣轉折一想，所有人必然得讓自己的能力聽從某種公平性。羅馬人透過征服而強大，因為他們懂得服從並守約。戰爭高手們也是維權高手。這是免不了的。保皇派渴望權勢，但也渴望服從；服從優先，忠誠優先。公正是不公正的武器。所以他根本什麼也沒贏，輸掉的原因是他在棒喝之下學習公正，而非透過自由教義做到。這種強迫達成的公正應被稱為文明，公正彷彿文明的先行官。而想必應從那裡開始，就像約翰－克里斯朵夫[9]在戒尺調教下成為音樂家。沒有那些粗暴的課程，那種盜賊懲罰盜賊的過程，那令人生畏的動物絕不可能花時間深思熟慮。而且少了勝利的荊棘，他不會甘冒一切去愛好和平。所有智慧都應向需求獻上不止一圈花環。

7 人中之神指的是約翰・海因里希・裴斯泰洛齊（Johann Heinrich Pestalozzi, 1746-1827），為瑞士教育家。他主張透過自然教育，孩童身心得以健全發展。

8 馬利－亨利・貝爾（Marie-Henri Beyle, 1783-1842），筆名司湯達爾（Stendhal），十九世紀法國作家，著有《紅與黑》（*Le rouge et le noir*），下文所述雷納爾先生為書中主角之一。

9 《約翰・克利斯朵夫》（*Jean-Christophe*）是法國作家羅曼・羅蘭的一部長篇小說，共十卷。

50 讓我們想像一個人此時此刻的模樣

1923.6.19

讓我們想像一個人此時此刻的模樣：他在巴黎過著享樂的生活，他的財務管理人們定期將地租收入匯給他。這種財產制度一點也不公平，這一點大家都同意，並且將尋求法律改革，好讓親手耕作田地的人成為土地真正的主人。可惜凝思的頭腦總想不出解決辦法，因為他根本什麼也沒做。然而遊手好閒的那個人不久後也被徵收財產。財務管理人積極出面，透過近距離觀察事物後的判斷，並徵收所有人財產。但是勞動者的觀察更仔細，更堅定地擴展權益。節省和儲蓄對他來說如同他的破外套一樣重要。在他這個狀態下所該具有的美德他都有：那雙耕作的手不懂得消遣，只知道生產，而樂趣與工作接軌，一起拉動向前。於是出現這種對買土地的熱中，於是出現這些由踏實的感受所孕育出來的計畫。他一小塊一小塊地蒐集土地，而在這片征服得來的土地上，必然會比在他租來的地上更花心血耕作。因此，基於千百種理由，遊手好閒者的龐大財產失去價值，而工作的動力也隨之消失。必須親臨現場並懂得現場的所有事，但這些事絕非臨時興起即可做到。遊手好閒者將把財產賣給農民。公平正義。而土地將生產更多，人人受益；這又是另一種公平正義。然而，農民絲毫沒有想到公平正義的問題。

這場鼴鼠革命[10]在戰爭時期以快速的運動完成，其實在戰前二十年便已展開；而當時，我已見識過一些驚人的例子。在過去，只要農民受到保護，便能對抗暴力與掠奪，這場革命一直在進行，而未來亦將持續進行。在此，撐起革命的是現實的意志，而非講求公平正義的意志；因為，如果佃農在自己的土地上稍微多施加一點肥料，並優先收藏屬於自己的那一份乾草，那麼只會讓公平正義更慢實現。不過，工作本身以及個人的品德似乎與此息息相關，確實掌握了屬於它的特質。所以，公平正義完全不是觀念公正之成效，反而來自一些不那麼抽象、相對樸實的品格。贏得局面的，是勇氣、警醒、節制，總之，是不斷克服懶惰欲望的所有意志形態。美德在此發揮充分的意義，不但十分有效，而且正確。

以上那些例子，加上其他理由，後來我明白，當柏拉圖孜孜不倦地說，沒有人

10 指工人階級的革命，馬克思引《哈姆雷特》中的句子。

自願當壞人，他想告訴我們的是什麼。因為我清楚看見每個人個別的品格皆是意志的成果，而每一項品格的背後都有勇氣支撐，而非藏在惡習背後的懦弱與懶惰。畢竟沒有必要拿出意志力來逃避、放棄、睡太多或在餐桌上停留太久；這些事情不請自來。想要站穩站直需要意志力，但若想摔跌就不必了，重力足矣。因此，對個體來說，重要的絕不是想要，而是積極有力地想要，那才是真正的有益。而柏拉圖甚至說：透過這些實為意志的品格，或可說是一種堅定的自律，必將出現公平正義。此話一出，反對意見紛至。難道一個土匪不是憑意志行不義之事？不是，柏拉圖說，而是因為憤怒與怠惰。這場辯論絕非白費唇舌；而透過這樣的思路，我們得以逼近某種重要的真理，感受猶為明顯。而這正是一個值得注意的狀況：意志被聽從，但必然並非總是根據抽象的公正來行事，不是不耍花招，甚至也會有意無意地忽略他人和他們本來應得的事物，卻能達到一個較公正的狀態，而且所採取的許多途徑也非出於好意。

51

我持續研究著牧羊政治

1923.5.12

我持續研究著牧羊政治，當初我跟隨柏拉圖進入這門學問，不久前才明白：羊群對牧羊人擁有極大的權力幾乎毫無邊際。因為若是羊隻瘦了，或只不過是羊毛髮得不好，牧羊人就悶悶不樂，而且絕非虛情假意。倘使羊群開始死亡，情況會如何？牧羊人立刻想找出原因，調查草地、飲水和牧羊犬。人們說，牧羊人喜歡他的狗，牠就像他的警察局局長；但他遠遠更愛他的綿羊。而如果事實證明，一隻狗，由於過度啃咬或過度吠叫，總之由於某種揮之不去的躁動情緒，奪走了被牠治理的羊隻們進食的胃口、喜愛和生活的興致，牧羊人會淹死牧羊犬。這是要告訴大家，在牧羊人眼中，羊群的意見才是至關緊要，即使是最瘋狂的意見；而牧羊人絕不會停下來說羊隻很笨，反而立刻努力滿足牠們，注意牠們喜歡的風向、如何曬太陽、害怕哪些噪音、哪種氣味讓牠們慌亂緊張。

這就是為什麼，如果牧羊人用以下的話語對羊群說話，絕不是出於虛偽：「各位綿羊先生，我的朋友，我的課題，我的主人，關於青草或風向，請別相信我會採用各位以外的意見；而如果有人說，我在治理你們，請用這個方式去理解：我比你們更重視你們的意見，因此，我謹記在心，而為了避免你們誤解自己的意見，我或許會提供一點訓練，或利用你們命中註定的樂天膚淺，無論是哪種狀況，你們只需要表明你們喜歡什麼和不喜歡什麼，然後什麼都別再想。我就是你們的記憶，是你們的先見之明，說得高貴些，是指示你們的神意。而如果我引導你們避免做出某些可能很想做的動作，例如啃食濕草或在大太陽下睡著，那是因為我確定你們一定會後悔。你們的意志支配著我的意志；其實光這麼說還不夠，除了你們的意志，我沒有其他意志；總之，我就是你們。」

這番說詞是真的，而且經過驗證。因此，若有人想在綿羊群中建立全民普選的制度，透過這個方式制衡牧羊人並持續糾正他，這個人所得到的回應會是：這樣的制衡與糾正本來就會自然發生，並定義羊群和牧羊人之間的恆定關係。請想像現在羊群一心決意老死。這豈不是一群最忘恩負義又最黑心的綿羊嗎？如此荒唐的要求至少會受到檢驗吧？在綿羊的權益裡，是否能找到一條前例或某種原則，與如此新穎的論題有關？我打賭，牧羊犬，也就是警察局局長，會這麼對牧羊人說：「這些綿羊才不會說出真心話，而出現這種瘋狂的想法其實表示牠們對牧草或羊棚不滿意。我們應該往這個方向尋找答案。」

52 貴族政治是最適任者的政體

1932.4

貴族政治是最適任者的政體。這種領導類型不少見，而是十分普遍的事，且讓所有社會存活，無一例外。進入狹道時，駕駛員發號施令；行船一點也不困難。救生艇上，划槳好手持槳，最靈活的航海員掌舵，視力最好的偵查事物。女人指揮洗衣工作，男人不進去攪和，因為他對此一竅不通。

勛閥政治由貴族治理；貴族或高貴的人，其實是同一個意思，就是名人。學問和本事未必光芒四射，人們選擇有名望的人。名人經常是老人；老人可能曾經非常能幹，但已不是當年那條好漢，不過他頂著長久以來所受到的讚賞光環。常見的狀況是，人們很重視這一點：一個人在二十歲的時候，是否為他同齡中最優秀那個。此外也必須承認，嚴謹、品格端正、簡單的事能夠確實完成，這些特質營造出一種不完全錯也不完全對的名聲。我們明白，在許多例子中，勛閥政治取代了貴族政治，但根本不配。人們有許多機會崇敬地凝聽一位頭髮花白、功勛彪炳的工程師說話，結果，在他離開後，只能服從精明的工頭；而有時工程師也會留下來。一旦知識難以受到認可，官威永遠凌駕知識之上。

親族關係可博得尊敬，只需透過一個姓氏。得到一個受敬重的人推薦或保護即可博得名聲和榮耀，如我們很常見到的，甚至連女婿也沾光。在此浮現寡頭政治；那是掌握在一小群人手中的家族勢力。而寡頭政治其實與財閥政治是一樣的，或可說那是富人政府，畢竟他們可以招贅並培育女婿。金錢只不過是榮耀轉移的可見形態。仔細檢視某個女婿的生涯，就會明白金錢如何支撐家族姓氏，讓他發揮才華。工程師和企業大股東的女兒結婚，身家立即大幅超越同儕。遑論更直接的方式：有錢人身邊總圍繞著有才華的人，有才之人壯大有錢人的聲勢，他則出錢栽培。財閥的組織非常嚴密、複雜、隱密。有人形容，一個有錢的笨蛋永遠無法取得任何一點權力，這話是錯的；真相是，金錢為有才之人錦上添花，給他保障，將他捧上天。財閥政治付出努力去工作，安排調度，從這個角度來看，財閥政治啟發了官僚制度這種勛閥政體，但從另一個角度看，卻又腐化了政體。關於這個主題，請讀警察部門的調查報告，透過分析財閥殘黨，這些筆錄可以讓我們了解一些事；一些事，而非全部；畢竟一家繁盛的企業可是極度隱密，滴水不漏。

最後，要描述的是專制暴政，這是最糟的治理。專制暴政，如柏拉圖所言，是大胡蜂在蜂窩裡所施行的權力。這種油亮的昆蟲嘈雜、好吃懶做，身邊聚集大群工蜂保衛牠。有時，表面上，暴政全面占據社會；但請安心，它永遠不會摧毀勛閥政體，甚至也不會破壞貴族政體，反而會以暴力和恐懼來剝削利用它們。重要的是要能發現，在所有社會中，總有一部分擴散出來的暴政，依恃陰謀詭計和威脅而活躍；而且許多人身上都帶有某種願意原諒這種暴政的心態，因為所有人偶爾會有覺得理性乏味的時候。

相較於這一切，民主政治或許只是一種對暴政、財閥政治和勛閥政治的反抗，目的在於拯救貴族政治這種對所有人都有益的體制。而純粹的民主政治並不存在，因為沒有純粹的貴族政治，也沒有純粹的勛閥政治、門閥政治和專制暴政。民主政治的宗旨在於，透過某種輿論評斷來反對永無止息的權勢貪腐：軍隊、警察、工業、商業、銀行以及所有的一切；而如果被統治者相信胡蜂群、富人以及功勛彪炳的達官貴人，我們恐怕被迫低下頭來往前走。

53

團結就是力量。對，但是，是誰的力量？

1925.12.10

團結就是力量。對，但是，是誰的力量？若所有人腦袋裡僅一種相同的思想，大受歡迎的利維坦將席捲一切。接下來呢？我發現永不凋零的團結成果；一種強大的權勢，教條、異端分子受到監控、被開除教籍、驅逐出境、殺害。團結是一種強大的存在，只顧自己，目中無人。軍人的思維在此是最有力的示範。「對於一天到晚在批評的下屬，我束手無策。我要大家贊同我，我要人們喜歡我。」不可小看萬眾一心的力量，那可是會壓垮一切的。如此的和諧一致令想像陶醉不已，敏感的想像連一點點腳步聲都聽得見。人人期待驚人的效應。然而，拿破崙的士兵們眼看皇帝加冕和整個舊體制回歸，其他的什麼也沒看見。團結勢力自我鞏固，自我讚揚；這股勢力擴張，並征服。人們期待落空，依舊等不到新的思想。

唯自由之人有思想；一個未曾許下任何承諾、置身事外、孤絕於世、完全不在乎是否討人喜歡的人。執行者一點也不自由；領導者一點也不自由。促進團結是這兩者皆在意的瘋狂行動。放棄造成分化的，選擇凝聚力量的，但這根本不算是思考。或者應該說，那只是思考如何團結和維持團結。勢力的法則是一種鐵腕定律。這方面的一切慎重思慮皆著眼於權勢，與得勢之後能做什麼無關。權勢能用來做什麼？這個問題被擱置在後，因為它將造成分裂。勢力，光是預感到有某種思想存在，即全身顫抖，自覺崩毀。無論如何，他人的思想便是領導者的敵人，只是領導者本身的思想卻也並非善類。只要他開始思考，他就是在進行分化；他讓自己受到自己的評斷。思考，即使獨自一人，是為任何一個人的思想提供傾聽，甚至賦予力量。此乃欺君犯上大不敬。若放任發展，整個政治生活將變成軍事生活。

無論小黨或大黨，小報或大報，聯盟或國家，教會或協會，這些集體存在皆因尋求團結而失去精神。一個由許多人所組成的團體永遠只有一名渺小的首腦，光是要當首腦就夠耗費心神的了。演說家偶爾把缺點曝露在反駁者眼前，但偏在那個時候，他認為自己將贏得勝利。他可能被駁倒，或更甚者，他樂於被駁倒——這般想法絕不會出現在他腦子裡。

蘇格拉底來來去去，不斷傾聽、提問、尋找他人的思想，他的用意絕非削弱他人的思想，反而是要盡可能賦予他人最大的力量。因此對方經常惱羞成怒。畢竟我們的思想在清楚揭露出來後，並非總是我們所想要的，反而所差甚遠。然而，我們必須透過這種方式學習，別無他法。閱讀柏拉圖，亦即跟隨蘇格拉底來回打轉和繞路，有此興趣的人們首先會訝異：那些大路沒有一條通往任何終點。而且書中無人下定論提到，一份自由的精神能得到許多事情的保障，更遑論能輕易得到許多人的認同。就某方面來看，一名足球員也並沒有贏得什麼，但當他輸球時，他贏得了好腿好胳臂。蘇格拉底所贏得的是有力量去對抗表面亮麗的言詞。在那個幸福的時代，希臘那個小國家出現一種自由的開端。我們至今仍依賴這珍貴的零頭生活。這群人揉成一團，厚實、獨斷，幸好還留下這麼一點自由的麵種。因此，保皇部隊即便只有兩個人，也總彷彿一整個政黨似地在各國春風吹又生，卻從來不曾徹底成功。民間仍殘存著一小點不盲從輕信的星芒。噢！守火的人們，切勿睡著了。

54 自由的思想難以駁倒

1928.7.20

自由的思想難以駁倒，蘇格拉底的例子便足以證明。無法駁倒他只好殺了他。對於一個率先聲稱他什麼也不知道，而且知道自己什麼也不知道的人，你能拿他怎麼辦？對於一個盡力達到他人教導的境界、提出疑問、篩檢答案、從不滿意成果的人，你能拿他怎麼辦？你會告訴他，他思緒遲鈍；他將回答你，這一點他自己再清楚也不過。你告訴他，他看到的是別人不認為難的難題，他會說：「那些人那麼快就能懂，真是太好了。但我有什麼理由要在我弄懂之前先投降呢？」

關於這一點，偉大的詭辯士，意思是演說家、法學家、學者，會對他加以告誡。詭辯士會這麼說：「你以為你是誰，竟插手討論權益、公正、幸福，這些你看起來根本不夠資格討論的主題？所以，一個像你一樣才智渺小的人，也敢與幾個世紀的卓越人士所建立的學說抗衡？你想評判上帝，評判祂允許並捍衛的一切，評判神祕現象、犧牲祭禮、美德之類的事，而你卻親口承認自己是一個全然無知的人！你宣稱與赫赫有名的大師們爭論，彷彿你那微小的評價應能調整各城邦的秩序和公民的行為。去上學！蘇格拉底，去上學吧！」這樣的言論後來又出現好幾次，而那個單純的公民常常只縮回自己的殼裡，任由別人說他已默認。然而，他本來大可用蘇格拉底的方式，做出類似以下的回應：「沒有任何事能強迫我做出迅速又出色的思考。我的思緒或許緩慢遲鈍，儘管如此，事實就是這樣，我要對自己的才智負責，只對它負責就夠了。我清楚感受到，是自己的內在讓我像個人。我絕不該背叛我的心智，甚至應該讚揚它。不過，我覺得，如果我把我不懂的事說成我懂，認可在我看來其實錯誤或不確定的事，那麼我的讚揚方式可能會很笨拙，甚至可能背叛它。對於我自身的才智，我的義務是判斷時要清楚看懂；而若是我一點也看不明白，我的義務是去懷疑。若找不出更好的辦法，懷疑一點也不可恥。至於你本人，你離全盤皆知也還很遠。但反過來說，如果你或我，我們保證某種學說確實可靠，只因為該學說看起來只是比較有利或比較逼真，那就非常可恥。這種行為等於欺騙他人，有時或許更糟，還欺騙了自己。因此，如果我的看法跟你的不一樣，我絕不會說兩者是一樣的；如果我根本沒被你說服，也不會說你說服我了。反之，若我感到懷疑，我一定會謹記，告訴你和所有人說我懷疑；或如果某種論調在我看來一點也不好，我會說，我覺得這一點也不好。無知如我，或該說，因為我如此無知，我必須謹守這樣的義務：不承認任何事物為真，除非它在我看來明顯為真。我曾讀到，這是笛卡兒為自己訂下的規則；而我敢說：這對我比對他更適用。畢竟，已有多少次，我在毫無所知的情況下做出判斷？有多少次，我不也與其他被威權訓練出來的人一樣，為利益或為人情而發言？但我承認，這種做法一點也談不上是合格的人。坦白說，倘使我認為你們所支持的學說是經過證明的，而其實我幾乎不懂；我會這麼說，也只是為了得到你們的讚美，或得到好的地位，那麼我豈不是像一條狗，為了討糖吃而賣乖？所以，既然我們已達成共識，那麼我選擇當一個合格的人，期待你們的證明。」

55

這幾天，我重新拜讀老好人史都華．彌爾

1913.10.23

這幾天，我重新拜讀老好人史都華．彌爾[11]，在他的回憶錄中，我詳讀他於一八三〇年到一八六〇年間，在英國被稱為哲學激進派的政治研究。該學派的創始人是傑瑞米．邊沁[12]，一個出奇一板一眼的人，將樂趣和痛苦根據效益數據化。在浩瀚的政治與立法研究中，他尤為自傲的是發明了最有效益的監獄；在那裡，罪犯所受到的最小刑罰，能讓獄卒耗費最少的辛勞，並在正直的人們心中產生最大的樂趣。他如此定義罪行：「一人享樂，多人痛苦。」這些定義揭露一種人，他們的缺點與優點頗符合我們那些法蘭西院士所謂的「原始精神」。史都華．彌爾，特別是

11 史都華．彌爾（John Stuart Mill, 1806-1873），英國著名哲學家和經濟學家，十九世紀極具影響力的古典自由主義思想家。邊沁後功利主義的重要代表人物。

12 傑瑞米．邊沁（Jeremy Bentham, 1748-1832），英國哲學家、法學家和社會改革家，效益主義（又譯功利主義）論者。

他的父親[13]，已實現了這種精神。他們是知識庸才中的英雄。

史都華．彌爾什麼都讀，且什麼都讀得懂。他經常受神祕理念感動，並看到其中的深度及奧妙；有時，甚至不矯揉做作且非常坦率地親口承認自己無法創造出同等的理念。或者，他會目測那做為依據的偉大的歷史性理念，透過這些理念，看出在某特定時代被視為真的那些意見，其實僅呈現出強國政體在商業、工業和武力上的部分狀態；因此，人們會認為，全民民主制本身不如君王制正確，但君王制的正確是一時性的，透過國家的力量方能實現。這類理念說起來有一定的分量，且值得注意的是，足以讓任何有野心的人應用在任何政體。

不過，目睹高貴的史都華．彌爾如何以他的聰明才智推拒這些高報酬並有利煽動激情及社會不公的意見，真是大快人心。他堅持講求效益；費盡所有心思不談心情。他中規中矩，引經據典，論述精準。結果如下：他同意進入下議院，卻拒絕為選舉花一毛錢，因為即使是非直接交易，買票也違反了效益原則。這位老兄同時放棄著作權，以便出版價格便宜的大眾書籍，其所依循的也是同樣的原則。由於以前曾有一名對手在報章上刊載幾句話指責他，然對人民來說卻一點也沒有產生恭維的效果，他於是公開坦承。在沒有絲毫妥協，只堅持做自己並以全體利益（又是效益問題）為唯一考量的情況下，他勝選了。他推動女性選舉權（一八六六年！），為愛爾蘭貧民、黑人行動，總是為弱勢及無知者發聲。思想刻意狹隘，生活令人讚賞。處處可見裝腔作勢的思想家，他讓我們見識到的正好與他的作為反其道而行：言詞精妙動人，事實上卻對所有權勢阿諛奉承。

13 其父為詹姆斯．彌爾（James Mill, 1773-1836），蘇格蘭歷史學家、經濟學家、政治理論家、哲學家，古典經濟學的創始人。

56

想得眞，不就是想得正嗎？

1932.2.15

想得真，不就是想得正嗎？不一定；漂亮的隱喻從不騙人。所以公正凌駕於真實之上？是的，理當如此；而這意思並非公正可以被當成真實。那麼，我們也不能說真實當然就是公正的？真實中偶有分心，甚或迷途失常。真實遼闊無邊，總也涵蓋膚淺輕鬆的部分。所有的博弈遊戲，無論是下棋、橋牌或字母矩陣，皆有數不盡的真實解法，玩家已將公正性納入那些隨意組合；此時，他們動腦發揮公平的精神，永遠保持挑剔。數學也提供不少想像空間，公平精神可在此得到滿足，卻淪為近乎毫無價值的真理。愛好真實是一種樂趣。人們心想，即使暴君嚴格要求，也不能否認定理。然而，暴君不把定理放在眼裡，他也可能以此為樂，或以玩字母矩陣為樂。你以為在他懷疑有錯時，還會接受一個錯誤的解答嗎？才智有其尊嚴。淺薄的尊嚴，如同不付錢給裁縫師卻花在一盤賭局上。

萊布尼茲說過一件瘋狂的事：如果我們的熱情對幾何學有興趣，必然能看見頑強的錯誤，以及刻意閉上的眼睛。他甚至舉了一個例子；他認識一位優秀的幾何學家，從來不肯相信也不願了解在某一個平面上，一個圓錐體和圓柱體的切面曲線相同。因為這不是他自己找出的答案，而他本該解得出來。因此，他認為，真相侮辱了他，所以他要否定真相，死不認錯。於是，我們可以說他持著「不公平精神」；這個說法乍聽之下駭人，卻提供了公平精神完整的意義。這位幾何學家拒絕正面看待一項令他不舒服的真相，而那是因為自身的不謹慎所造成的不舒服；只要稍微再博學一點，對於證實已知的領域，他應該可以懂得更多。只是，謹慎尚稱不上公平公正。

公正的人並不如此謹慎，反而勇於冒險。公平的精神並非真的靠已知和已記錄的證據來確定，通常只是怕出錯。事實上，那是把自己變換成一把計算用尺，不過仰賴一種不會失敗的機制。那是一種對判斷的拒絕。大名鼎鼎的龐加萊[14]說，就連在數學的領域也必須做出選擇；那意謂著雙眼要緊盯這個世界，並朝物理的方向發展，因為數學的領域暗藏危險。到了這個階段已該知道：清晰的頭腦只不過是看清

14 龐加萊（Jules Henri Poincaré, 1854-1912），法國數學家、理論科學家和科學哲學家，公認為十九世紀後和二十世紀初的領袖數學家。

晦暗不明的工具。笛卡兒已那麼強烈標示出來這種導向，他是屬於不畏懼生活的性靈。請研讀《靈魂的激情》（*Traité des passions*）。笛卡兒曾對自己發誓，要當一名數字與形狀理論以外的智者。所有人應該去看看這位哲學家如何向伊莉莎白公主說明形成一股慢性發熱的原因，並解釋，智者就是自己的良醫。只是，那已不再是笛卡兒卵形線[15]，和那類不需冒任何危險的事情；而是動物性的靈性，松果體，心，脾，肺，解釋愛與恨之運作，要冒極大的危險。在這方面，性靈試著秉持公正，拒絕接受等待的理由；那種表面義正言辭的理由從來不缺。在德雷福斯冤案爆發時，也有許多堂堂正正的等待理由。等待的智慧是虛假的智慧。等到一切明朗、展開，像乘法表一樣攤列出來，這完全是官僚作風。真正的真實，恕我直言，比僅可能為真的真實危險。

一名法官很可能拒絕審判，理由是他未備齊足以構成可信證據的所有項目，而他永遠也無法備齊。但這是一種不法行為，罪名是拒審。判斷是必要的。無論是否身為法官，在這個艱難的世界裡，在全盤了解以前，先做出判斷是必要的。懂得等待這門冠冕堂皇的學問，只不過是盛大的拒審行為。不過，還好有位物理學家幾度對自己說：「如果最後我坐不上裁判的位子，這一切準備和耐心又有什麼用？所以精神恐怕是一把長劍，十分美麗，人們卻永遠不敢使用？」柏拉圖不希望人在洞穴裡過一輩子；但他也希望人們會再回到洞裡。這個想法至今仍有新意。會有某個老狐狸對知識淵博的人說：「那麼，請你不要從政，政治配不上你。」事實上，從政不靠精神才智，因為精神才智並不公正。所以秉持公正精神的人會回去找他的兄弟們，將自己和這個世界裡的各種影子衡量，一面暗自發誓：有此精神的人不逃跑，要用另一種方式拯救自己。畢竟，亞里斯多德曾說：「最終贏得桂冠的競技者不是身材最健美的，而是努力奮戰過的那一群。」

15 編注：笛卡兒卵形線（ovale de Descartes），笛卡兒於一六三八年所提出的一種代數曲線。

57

想到最近被大家紀念的喬瑟夫．德．麥斯特

1921.8.1

想到最近大家紀念的喬瑟夫．德．麥斯特[16]，我自己在心裡重新檢視了我曾誓言相信的人們；排在第一列的，我看見了蘇格拉底，如同柏拉圖在〈高爾吉亞篇〉或《理想國》裡所呈現的那樣，每次爭論者以他們的經驗證明來叨擾他時，他總搖頭說不。而正如蘇格拉底所言，讓人看見政府的強權無所不在，司法所討好的其實是勢力最強的那群人，這並不困難：那本是人性戲碼，我們天天耳聞，時時目睹。最細讀這些漫長的討論，隨之峰迴路轉，你將會看見公正出現，然後又突然消失。最後才能掌握它。會有那麼一個可喜的時刻，人類天性的所有部分聚集了起來，彷彿依循公正的內部法則，而強權的外在表現遠遠附屬其下。於是，一切按部就班，真正的處罰回應真正的報償。但是，若想見到這種局面，至少必須如蘇格拉底一般有耐心。匆忙的讀者總是處處見到權勢所帶來的不公，愈與財富掛勾便愈缺乏公平正義。因此，根本沒有把戲也沒有人為手法，而只有最完美的圖畫描繪出這些摸索及

思考迴路，斷然拒絕不曾發誓的人。首先必須發誓，在尚不知道該如何回應時，就先對魔鬼論調說不。

還有另一件事，總是有點惱人。你閱讀，一邊讀一邊衡量蘇格拉底的證明，把它們蒐集起來，掌握其中精要概念，如寶藏一般收藏在記憶寶盒裡。但是，魔鬼依然虎視眈眈。再次打開寶盒時，你發現裡面只剩一小撮灰，要素皆已煙消雲散，混沌不明。必須全部重來，必須再次用蘇格拉底的技巧自助；不公不義再次奪目壯大；惡魔般的嘈雜再次震聾可憐人的耳；這是必經之路。若缺乏勇氣，一切成定局。這就是為什麼我們會看到那麼多思想家逐漸老去，記憶失準，成為強權的座上嘉賓，用敵人的頭顱飲下蜜酒。我見過一位高貴的思想家，他站起身，邁開大步，來來回回地踱步，一面對我說：「人們應該要懂得把事情一次解決。度過了一個艱難關卡後，就該把它永遠地拋諸腦後。而當觀念成形，就應該擁有它。所以，一切永遠都要重新再來過嗎？」這正是蘇格拉底以同樣的字眼所提出的疑問。整體而言，人們想要得到一張證書或學位，然後高枕無憂。然而，這樣的事根本不被允許。

16 喬瑟夫·德·麥斯特（Joseph de Maistre, 1753-1821），法國哲學家、作家、律師及外交官，法國大革命之後，挺身為階級社會與君主制辯護。

在每個有點裝模作樣的人身上皆能看到難以動搖且刻意的偏見，導致證明與說服的工作倍加困難；根據上述的猛烈經驗，我們應該要去了解那些偏見。這是一項艱辛的抗戰，最好的戰術、最有學問的、最指揮有素的，恰好最無法動搖敵人。我曾觀察過一個精力充沛的人如何閃躲強而有力的證據。他很早就預測其到來，同時拒絕注意聽你說什麼，並非因為認為你的言論薄弱，反而因為覺得強大；其實他在心中默念自己的忠誠誓約，彷彿祈禱。此刻的他很帥氣。畢竟，我們這位思考者的處境如此艱難。請想像，倘若，一旦我們已沒有可以回應某個爭論者的論點，必須放棄一種珍貴且多次經過證實的理念，這種處境將變得苦不堪言。事實上，沒有人是這樣思考的。所有人都想仰賴一種駁不倒的信念；那是他的藏身之所與城堡高塔。我從中得到最重要的規則，那就是絕對不要為反對他人而思考，而要與他人一起思考，並汲取他珍貴且深入的思想，只要我感受到那想法合乎人性，與我相同。而當這種思想是所謂永恆的公平正義，無論人們稱之為上帝或任何名字，即可以其立身，從此處開始研究；從這個方面進攻，高牆終將倒下。

58 事情沒有任何進展

1933.1.3

事情沒有任何進展，只因為已經達到平衡狀態，和潮汐一樣。而人類也沒有任何進步，赤裸裸地出生，天生帶著一份恐懼、憤怒與勇氣，這就是他全部的命運。只願我們當初有長足的智慧，得知柏拉圖早在我們之前便寫下這件事，那會很令人愉悅。關於智慧，困難之處不在於要靠閱讀或聽講來學習。途中每個人都會遇上最終審判的大日子，而他就是自己的法官；他要透過自己的選擇評斷自己，並盡力重當蘇格拉底，或重當阿爾西比亞德斯：卸除理智，進城晚餐，追求權勢。這些在以前實踐起來一直很容易，在未來也將仍然容易，而且原因始終一樣。而透過這些相同的原因，人民也將仍舊急於推翻，卻無能重組。在柏拉圖的時代，富人的骨子裡流著野心的血，與現在並無異。你不相信我，那請你閱讀《理想國》或〈高爾吉亞篇〉。何謂強大又受尊崇的人？那樣的人會為自己的朋友辯護並妨礙其敵人的律師。引神級思想家的話來說，那樣一個公民，他懂得在該付出時，付出得比別人少，收取時，又收得比別人多。智者完全不懂這些。或因為他不屑學會這一套，或因為沒有那個膽量；到底是哪一個原因，只有他本人知道。在柏拉圖的時代，已有些人說「只有神知道」，而這個說法根本不能改變任何事。機械的世界形成一種可怕的裁決，因為每個人確實擁有自身的想望和所愛。不愛錢的人沒有錢；但是，能否找到一個例子是死愛錢的人竟一毛錢也沒有？至於權力，我發現野心只要稍微透露一絲痕跡，會立即引來超出其想望的狀況。領導者沒有其他美德，除了愛好權力以外；而光這一點就夠了。只是千萬不可作弊。假如你僅為了自由和公平正義而喜歡權力，那麼你將擁有一份正好適用在那方面的權力，一點也不會再多。饒勒斯[17]和克里蒙梭[18]兩人的命運便是很好的比較。

現在，再一次，對於已了解遊戲規則的人們，我提供地獄全圖，如同柏拉圖在多少世紀以前便描繪出的景況。這群人剛測試了他們的機運，選擇了要挑的擔子，每個人都做了與自己相襯的選擇。首先，一道響亮的聲音說出這番驚人的話：「神不是理由。」祂可能是理由嗎？為什麼在阿基里斯正要再次重生的時刻，祂要多給阿基里斯那道微光，使他選擇了非暴力、愛與憤怒的存在？為什麼？祂有什麼權力？阿基里斯後來是被阿基里斯本人補償和處罰。任何聽告解之人都懂這件事，最渺小的楊森主義者也會把凡事只怕後果、為了保證自己能在天堂永遠吃個夠而一輩子不敢吃鵝肝醬的人打入七情六欲的地獄。公正之神非常明理地說：「鵝肝醬屬於喜歡吃它的人，公平正義屬於喜歡它的人。」請注意，此處說的不是別人的公正，而是人自己的公正。畢竟，若是因為別人會喜歡才去喜歡公正，那樣的喜歡也很奇怪。而小偷非常擅長說：在小偷的世界裡，誠實的人是傻子。這樣的人也會獲得他應有的對待：弱小者飽嘗輕視，強大者則備受推崇。而這些，柏拉圖都寫在書裡。作者親自駕馭他的文句，若在其中不經意流露出些許虛榮的動作，他便會用一句好笑的話來彌補。因為，錯誤從何而來？為什麼書寫的手無法精準地描繪出作家的肖像？於是，所有錯誤自得處罰，所有優點也都自得報償，各有各的籌碼。因此，永恆的生命即在當下，永恆是因為公正。你說人生不公平，因為公正之人不在君王邀請之列。請你把話說得更明白些。這麼說才好：如果公平正義確實公正，公正之人

17 饒勒斯（Jean Jaurès, 1859-1914），法國社會主義領導者，最早提倡社會民主主義的人物之一，並因宣揚和平主義觀點及預言第一次世界大戰的發生而聞名。同時也是《人道報》的創辦者。

18 克里蒙梭（Georges Benjamin Clemenceau, 1841-1929），人稱「法蘭西之虎」，法國政治家和新聞工作者，曾兩次出任法國總理。一次大戰戰勝後，於巴黎和會中簽訂《凡爾賽條約》。

應能得到不公平者的好處；換句話說，取得輪到他成為不公平者的權利。這或許是你想問神的事。所以，如柏拉圖所言，神早已妥善安排，擦亮並完美地封閉這個世界，然後再也不看一眼。就像一名偉大的棋手甚至不該在他人下棋時觀看棋盤，那等於透過目光作弊，雖只一眼，卻是強烈的訊息。偉大的棋手只需管好自己的棋局，逕自離開。對於同類，我們沒有什麼可做，只能不要太認真看待他們的把戲，他們沒問，就別費心建議。這一大群靜止不動的人即如此出現在恆久不變的天空下。問題永遠一樣，創造自己的命運永遠極度危險。面對接踵而來但停滯不前的人生，每個人永遠有遼闊的選擇。柏拉圖對我們悄聲耳語：暴君是世界上最不快樂的人！這事實多麼駭人聽聞！的確沒有人相信這件事，而這就是為什麼柏拉圖的作品還沒被禁。我說得誇張了些，其實已不太被允許了。

59

在柏拉圖的學說中我看不到任何不足

1929.11.20

在柏拉圖的學說中我看不見任何不足，他的神已退位，把世界留給無可挑剔的法則，任由人類去創造自己的命運，這頗有助於我們在最悲慘的歷險中解開謎團。如他所言，愛，這貧窮與財富的結晶，時時位在刀口上，必須選擇；而不可更動的鐵則逼我們完成抉擇，一如航海員面對波浪。

選擇愛的人，他做出了偉大而美好的選擇，因為他選擇把自己所愛帶到最高的完美境界。而這個理念，出乎意料地不留任何轉圜的餘地；必須希望對方自由又快樂，也就是說，依照他的本性去發展，保有自身的形態，主動爭取而非被動受苦。柏拉圖這個名字本身仍與這份寬大的愛相連，即使受到嘲笑又何妨。真正被嘲笑的，反而是暴君的愛，不斷出爾反爾，破壞他那個美麗的承諾，對悲慘的女俘虜虎視眈眈，逼得她難以呼吸。基於不可更動的鐵則，那份悲傷報應在他自己身上。巴爾札克的小說中，最神祕的人物之一實屬奧諾麗娜[19]。她讓我們見識到一個女人被過度漫不經心的虔誠慢性謀殺，也彷彿死於那種對人毫不尊重的男性形態之壓力。貪婪的幸福即如此：只在乎自己並隨時反悔。若將美人當成一項異族財物來征服，那麼她就是一個謎；而嫉妒的折磨想必來自於發現在想要隨自己所欲，而非隨她的心意去掌握她的同時，反而導致她的美麗變形。相反地，看著她綻放盛開的人喜悅快樂。對方的幸福全部回報給了他。而這正是他的想望。只是他經常輕易忘記他想要的是什麼；他氣惱、發怒、施以處罰。而他處罰的其實是自己。不幸也全部回報給了他。惡人，遭殃的是惡人。

愛是最初的野心；愛是青澀的野心。暴君的操作比較成熟，或許追隨起來也比較清楚。畢竟暴君以為自己受人敬畏便心滿意足；針對這一點，不缺各種俗野的格言。「讓他們恨我，好吧。」但這個人並不知道自己要什麼。敘拉古（Syracuse）的暴君召喚柏拉圖[20]；隨意支配柏拉圖，多美好的事；但先決條件是柏拉圖保持柏拉圖本色。當然，他是一名卓越的奴隸；但是如果他是奴隸，他就不再是柏拉圖。暴君想征服他，卻是一場困難的征服。唯有在柏拉圖確實是柏拉圖的時候，我才有興致利誘他；決定在他，而非在我。如果他不是最自由的人，如果他沒有依照內心的法則做自己，那麼我在乎的是誰？所以，由於這項障礙，我把這個珍貴的人降格成物，我拴綁的不過是個影子。我壓迫得愈厲害，他逃得愈遠。或許沒有人不會被牢房貶低人格；但那也摧毀了人的價值。我贏了，好吧；但如果我腐化了他，如果我使他步上歧途，我贏得了什麼？著名的腓特烈大帝也曾想收編伏爾泰，他卻做不到；基於暴君的習性，他強迫那個自由的人，在他眼中帥氣且難得之人；儘管如此，他卻仍用奪取的方式扼殺之。於是，他回頭重操苛刻舊業，繼續統治、輕蔑。但其實人人都是暴君，都想當王。只有空口胡說的奉承算數，而且所有人對這一點的要求異常嚴格；但這表示他們其實什麼都不要求：這就是人情法則，而我認為這種法則似乎也能解釋愛的部分。

愛如何轉變成恨，我們都能了解。因為如果暴君不能強迫這股挑戰他的強大勢力，他就會想羞辱之，他將強迫自己把那股勢力想像成薄弱無害、帶著奴性、有失體面。一旦類似的心願得勢，所產生的後果非常可怕。柏拉圖被關入大牢後，同樣

19 編注：奧諾麗娜（Honorine）是同名小說中的主角，純潔奧諾麗娜由於追求虛幻的愛情，最終造成無可挽救的悲劇，並和丈夫同歸於盡。

20 編注：柏拉圖生前曾三次受邀至西西里島國敘拉古，並和統治者狄奧尼修一世（即作者所言的暴君）探討實踐其政治理想的可能性，但最終仍告失敗。

的效應也可在愛之中發現。因為，如果一個人認為欣賞的負荷太沉重，可能為了得到某種釋放而去輕蔑，甚至，如果剛好辦得到，還會貶損對方。這是另一種選擇，透過不容動搖的鐵律，降低了我們的一切預測標準。由於暴君將絕望地扭曲那位自由、光彩、體面、本身擁有強大潛能之人，他將出賣柏拉圖。這類瘋狂的憤怒非常普遍，比人們承認的更多。所以，那些人們想冠以瘋子之名的古怪異類也能教導我們，用的是誇大我們激情的形象，浮誇，但還能辨認。

神

Dieu

60

政治一點也沒變

1933.4.22

政治一點也沒變，此後也絕不會變。因為人的結構仍然相同，而柏拉圖所說的，到了今天反而更顯真實。永遠有一個頭腦，屬於同樣的頭腦，擅長同類型的組合。永遠有一副胸膛，屬於同樣的胸膛，怒氣和勇氣的中心，爆發之處。當主使者發怒，最高等的智慧也淪為執行者的角色，盡力挽救那些瘋狂的政策。因此，我們每天都能感受十次心臟篡位。如今，我們得同意，腹部盛裝並支撐這一切，從某個角度來看，腹部管理一切；畢竟，少了食物，就不會再有勇氣，也不會有個人想法；以至於時常迅速被憤怒左右的思想必須列入恐懼，而那也屬於腹部的範圍。

人是如此，永遠如此，我們還有許多困難未克服，且永遠也克服不完。再怎麼合理的計畫也永遠無法獨自完成。隸屬於腹部的經濟使我們永遠緊密依存。需求總愛控告熱忱，而熱忱總戰勝需求，然後輪到需求來控告理性。然而，理性，由其觀點來看，若要適度管理這些鄰近的同類，只能先接受這些同類；因此，最不公正的即是理性的不公正：發生在它想否定其他兩個角色的時候。由此出發，你可以輕易且精準地勾勒出三種不公正的樣貌：第一種正是需求與胃口，第二種是狂暴，第三種則是理智。這種看法雖簡化，卻可以從這裡開始討論。對自我與他人的認知尚未能如此深入。從這裡開始，我猜測出三種政治形態且恆久不變，以及三種宗教也是恆久不變。政治形態有三種，其中有純粹理性的政治，其計畫繁多，但因為看不起其他兩類，以致一事無成。另一為憤怒的政治，實際執行的總是比想要執行得多，大開殺戒也扼殺自己，但是多麼榮耀、多麼幸福！畢竟著手實踐且勇於冒險的行為不但美好且令人陶醉。最後則是利益政治，內容囊括前兩種。此三種政治在工會、政府、民族，甚或在所有人群中皆可區分出來。真正的和平藏於人，介於組成他的頭腦、胸與腹這三個角色之間。由於三者皆有其道理，所以和平必須商議，而非僅擬定出來就滿足；而且商議應永遠持續。

宗教也有三種，且必然同時存在。腹部迷信，對過去及未來皆迷信。恐懼崇拜強權，正如人類也曾崇拜一切：太陽、火山、蛇，以及腹部本身；那是一種可畏的迷醉，一種神祕；不僅在以前，現今仍然一樣。此處有一大片晦暗不明，但並非無從進入。而我之所以提及宗教，是因為心和理性的確從來不曾缺席；它們遵循、服從、美化，如魔鬼般地發出亮光。假的神仍然是神。

光榮性的宗教更上一層，那是奧林帕斯的宗教，是為勇者加冕的宗教。在這個層次上，人只想從心行事，卻無法推辭做自己，於是貪念不斷逼使勇氣蒙羞，一如理性不斷證明權勢的功效。征服者想得到飽足，征服者想成為有道理的一方。這些心聲常可在同一句話中聽到。想讓光榮性的宗教銷聲匿跡或換一種樣貌簡直是瘋狂的想法。請經營管理，請談判協商。

精神性的宗教是最美好的，所有人都同意。它貶低盲目的勢力，貶低人性的力量。此種宗教衡量其他價值，視為人類交易中的純金。但是，假如純粹的美德存在，那就不會再有美德，這句話亦千真萬確。事實上是這樣的：人必須進食，卻不可過量；為了某件事該上戰場，但不可過度；總之，讚揚精神艱難的勝利才是精神之所在。這就是為什麼，對於一個人，我感興趣的是平衡，那難以維持的平衡，絕非對一個人的勇氣感興趣。愛的勇氣、榮耀的勇氣、理智的勇氣，皆屬同一種。若一個人曾經適度地與自己進行艱困的協商，而非愚蠢地忽視自己或崇拜自己，我願意派他去為我們的財產和生命談判協商。如果我們所教導的是整個人的結構，而非如人們那麼輕鬆卻無用地教導首腦其頭腦的結構，成功幾乎已可觸及。

61

宗教大致分爲兩種

1928.3

宗教大致分為兩種，其中一種把我們拉向外在與奉行，而另一種則帶我們回歸到內在某個無法馴服的部分。每當神明行事不公，蘇格拉底便了然於心，甚至說了出來；但他只會把情況形容得更糟，或者更好：「那完全不是因為神明希望公正是公正的，只是因為公正是公正的這件事是神明想要的。」這種說法等於讓神明向會思考的蘇格拉底低頭，或者應該說，要祂們向唯一的神低頭。但這種運作永無止境，因為當一個人陷入思考，那個不那麼純粹的他會不斷地求助於較為純粹的他；不那麼自由的他會求助於較為自由的那個他。相信了精神性靈，就不會那麼相信其他事。宗教之信念是不輕信的靈魂。

我的不信仰，仍來自我信仰。消極多疑的人憑空說他什麼都不相信；如果他不相信自己，如果他不相信自己有能力看清事實，並且批評、判斷事實，如果他終究被風俗習慣、被身上的皺紋和傷痕所掌控，那麼，他說自己什麼也不信只不過是空口白話；因為他其實什麼都相信。對於一個總告訴自己沒有什麼比另一種選項更真實的人而言，所有表象的切入點都一樣。到頭來，支配他的是自身的欲望和利益；這將造就出一個極度任性的老頑童。然社會這套報償與輕視的體系令人讚嘆。很快地，儀式慶典和機構將這些輕浮的人們聚集起來，並引導他們。如同漂浮的軟木塞隨江河流入大海，並知道自己正隨波逐流，這些輕浮的人亦會發現他們正前往某個方向。他們甚至為這趟軟木塞的漂浮旅行寫了許多書。這些書在我看來十分教條制式化，甚至就文字的表面意義來說，帶有宗教色彩。與蘇格拉底正好相反，他們相信，公正是眾神所冀望。比方說戰爭，一旦明顯看得出是神之所望時，戰爭就是公正的；或說他們自己的財富，一旦明顯看得出是神的旨意，那就是公平的。棄戰那方和耶穌會的教義屬於這一類。而在一個人身上，這個宗教的部分從來沒有完全被剷除；因為我們不能評判所有的一切，對於某些事件、情勢和潮流，必須選定自己的立場。這是順勢而為，說穿了，是相信凡成功的就是真的，而且公正的。永恆的蘇格拉底或許從來未曾真正死去，甚至仍活在某個國家顧問心中，不斷起身反對這種說法；而他所依據的是其內在的諭示，祕密的諭示。那通常是晃動的光線，有時則大放光明。舉例而言，面對一場明顯的詐騙，宣稱自己什麼都不敢確信的人突然停止這種態度，說：「這是我絕對不會去做的事。」當人人鼓掌、情勢大好之際，他絕不做。一個間諜也許不會背叛友情；一個專做大勾當的大盜不會在賭博時作弊。

我來到這些迴路最驚人的段落。實用主義者，也就是順應潮流的人，從來不說自己是這一派。被蘇格拉底要求脫衣的普羅泰戈拉[1]，最終承認意見只分比較有利或沒那麼有利，但同時也承認我們根本不能這麼說，因為一說出來，有利的意見就不再有利。因此，對於一則關乎國家的謊言，我們不該說它對國家有利，應該說它是實話。而這種微妙的思考本身並不合乎人性，因為最有利的，是相信有利者為真。於是，本來最冷漠的都成了狂熱的狀態。反觀想在自由評判中尋求避風港的人，他從來不曾那麼確定一項驗證能完全摒除方便性及合宜性；而且，因為他擔心人們將自己之所好視為真實與公正，以致他經常戳破對方想表達的意思和相信以為真的事，並認為那僅是剛好適合。由此，從耶穌會門徒的言談中可知，他是理性主義者，而楊森門徒的言談則透露，他是懷疑論者。精神自由的人永遠樂於接受帕斯卡那種信又不信的方式：「不該告訴人民法律不公正。」不過，既然他說不該說，他終究還是說出來了，雖然只對他自己說、記在他的筆記裡、對他的軟帽說；但這樣已經說太多。

1 普羅泰戈拉（Protagoras, 490?-420？BC），古希臘哲學家，詭辯學派的一員，反對蘇格拉底的先天道德論，主張「德行可教」。

62

我讀過三篇反對宗教神啓說的抨擊文章

1910.1.3

我讀過三篇反對宗教神啟說的抨擊文章。最古老的一篇是柏拉圖《對話錄》中的〈歐伊梯弗容篇〉(Euthyphron),再來是史賓諾沙的〈神學政治論〉(traité Théologico-politique),最後是盧梭寫給巴黎主教的信。這三位作者各有其宗教色彩,但對於該出手鞭笞宗教之處的看法一致。論點如下。

每個人在自己身上皆能找到一種認知的力量,我們稱之為判斷力、常識、理智,或其他各種可能的稱呼。然而,倘若世界上存在某種神性,我們可否相信它在某處顯現的機率高於他處,以書本或神蹟的形式,而非如某種理所當然的觀念出現在每個人的良知中?這聽起來不切實際。什麼?一個未曾讀過聖書經典,但漫長的一生都在認真思考的人,其所知道的竟會比一個連經典二字都不太會寫的五品修士少?神傾向對讀書人展現奇蹟,而比較不理會思考的人?如果認可有一位公正的神存在,這樣的事教人如何相信?

然而，還不僅如此。從書本或神蹟得到神啟的假設非但不切實際，而且根本荒謬。書本是什麼？白紙黑字罷了。奇蹟是什麼？只不過是一場夢，跟所有的夢一樣。應該好好讀那本書，解讀那場奇蹟；我的意思是，去了解那背後的含意。而若要了解，如何能不透過天生的判斷，或像人們說的，內在的亮光？於是，每個人必定要透過理智才能認識神，如果真的認識的話。

對此，神父必要爭論一番。他說，有些靈魂被腐化，如果沒有先知或某個受到啟示的人解釋，便無法了解書本，也無法了解奇蹟。好吧。但受到啟示的人和先知，若非透過內在天生的亮光，他們當初又是如何了解的呢？而我，若我聽信他所言，如果不是透過我內心天生的亮光，又如何知道他真的是受神啟者或先知？最後，受神啟者的論調其實只是聲音，若能找到其中的意義，那也只有在我心裡才能找到。「為什麼，」盧梭問。「為什麼在上帝和我之間還有那麼多人？」

總而言之，足以判斷宗教的永遠是個體的良知。因此，我永遠是透過自己的理智得知人們告訴我的是否公正，是否真的具神性。而在柏拉圖的作品中，蘇格拉底已提問了今日當問的問題：「公正者之所以公正，是因為神明令他公正，還是因為公正者在我們眼中行公正之事，所以我們說是神明令他公正？」這個純真的問題包含了整個世俗精神。

而史賓諾沙亦然。他讓世人看到顯靈的神必須提示自己的稱謂，首先神必須證明自己是神。如何證明？不是直接說：「我是上帝。」這話就連一台留聲機也會說；而是要講出一番表現出神性智慧的話語。那麼，若不透過人類的智慧，又該如何判斷這番話是否有神性智慧呢？結果，從神諭或鳥類的飛行或天神的聲音來尋求智慧，我們什麼也得不到。就算能找到，每個人所找到的，其實永遠是他的自我。重點就在這裡。所以，你可能喜歡去跟某個西永派[2]（Silloniste）辯論，或另找個虔誠的教皇派[3]（Papiste），請隨身帶著我先前提到的三本書中的其中一本，以免被他們帶偏了主題。

2 一個具有民主意識的社會政治運動組織，為法國天主教政界人士馬克・桑尼耶（Marc Sangnier）於一八九四年創立，目的是讓工人階級在反宗教的物質主義之外有另一種選擇。

3 此派人士維護教皇的絕對領導權。

63

對於爲什麼該品行端正，人們有所爭論

1932.5.1

對於為什麼該品行端正，人們有所爭論；但對美德本身，卻沒有疑義。假設在狄奧多西[4]的時代或任一時代，我去參加一場乾麵包食客大會。我看見一位伊比鳩魯派、一位斯多噶派和一位基督徒到場，各自帶著小麵包和水罐、身穿牧羊人長袍並執著長杖。這場三位智者的盛宴賞心悅目，給人一種非常理性的感覺，因為他們皆沉默不語，靜靜地享用餐點。不過，一旦他們試著相處溝通，一切盡化為烏有。基督徒說：「各個國家皆盲目瘋狂，直到上帝之子化身為人，教導我們輕視財富；這就是為什麼我覺得這塊乾麵包好吃，這清水好喝。」「才不是這樣呢！」斯多噶派論道，「第歐根尼早說過，艱苦才是幸福，並在目睹一個孩子用手掌捧水喝之後，便打破自己的碗。自由之人是需求最少的人；自由之人可與朱比特[5]勢均力敵；因

4 狄奧多西（Théodose, 347-395），羅馬帝國皇帝，三九二年起統治整個羅馬帝國。他是晚期古典至中世紀這段過渡時期羅馬帝國的君主，並明定基督教為國教。

此我靠麵包和水過活。」伊比鳩魯派則說：「眾神根本不存在，任何種類的不朽靈魂一概不存在。一切都是雨、風和原子渦流所造成，它們互相碰撞、摩擦、結合，於是出現一處汪洋、一片大地、一棵樹、一個人。然後一切腐爛、消失，且必將永遠死去。世人皆痴傻，因為他們認真看待自身低賤的蜉蝣人生。而我呢，我很清楚，我煩惱的是如何逃避思想上的混亂與摻雜痛苦的快樂；所以，我仿效偉大的伊比鳩魯，即我心目中的神，我把這塊麵包和這壺水當作我的饗宴。」

盛宴會場一陣喧鬧。你得相信思想和酒一樣醉人。基督徒、斯多噶派和伊比鳩魯派毫不厭倦地寫著雙重諷刺的抨擊文章，文中的兩大敵對陣營已被無知、謊言、容易聽信他人與瘋狂的驕傲洗腦。沒有人會把小麵包和清水當成最明顯奪目的證明。對於人類經驗、智者、智者的餐食，人們從來沒有任何疑義。獨居隱士絕不會去詢問國王，請他傳授幸福的祕訣；相反地，世界上所有的國王都想徵詢這位智者的意見，其中終會有幾位願意遷就乾麵包和清水。修道院與禮拜堂成為普世價值，與弓箭和風車磨坊無異。宗教與祈禱文和人們對神的想像根本無關，這真令人讚嘆。

完美的懷疑論者也帶著他的小麵包和清水壺來了。亞歷山大大帝的統帥皮浪從印度行乞者身上學到不應特別看重任何事物。因為，世界這場夢是一場病態的夢，充斥欲望；只需心如止水，保持冷漠，死亡這場鋪天蓋地的睡眠便會將我們活生生吞噬，而那是最完美的，因為那才是真的。畢竟，懷疑論者仍有一個真相可依循，那就是沒有什麼是真的；而且他也教條式地堅持恪守。所以，門只有一扇，願意思考的人便能通過。這些飲用清水的人皆為冥思者。這座巨大的世界與這個渺小的人，無論如何，共同形成了是與不是的觀念。而我們思考時不可能沒有無須證明的假設或其他輔助觀念，有些人著重原子，另一些人著重心靈，還有一些人純粹只看表面；他們各自根據側重的層面，想盡辦法忠於自我。因此他們最恐懼的，應該是顯然會讓我們喪失理性的因素，如喝醉酒和瘋狂激情。人們口中的智者或聖賢，以及萬世流芳的楷模，皆斷除了所有根本不屬於他們自己的想法。不過，根據這個普世認同的意見，人人心中很可能都有部分修道性格，如同一個遺世獨立之人，輕視的事物比相信的多得多。就連拿破崙在失去一切之後，也還能這麼說：「你看到的是一個沒有任何遺憾的人。」若非先暗自下定即使失權也不後悔的決心，也許沒有任何人能晉升掌權，這是世界通行的手段，可畏的赤裸真相。在所有權力者身上，你都會在某個角落裡再發現這些儲糧：一塊小麵包和一壺清水。

5 朱比特（Jupiter），羅馬神話中等同於宙斯的天神。

64

斯多噶派虔誠恭敬

1923.7

斯多噶派虔誠恭敬，是這種特質的楷模，據我所知，無人能出其右。犬儒第歐根尼崇尚美德，輕視這世界上其他一切，也因此不能說他態度恭敬；但相反地，在這位譁眾取寵的天才身上，容我這麼形容，我看見了大逆不道的靈魂。一個醉漢不能直接被冠上大逆不道之名，狂熱激情的人或莽撞的人也不能。大逆不道是一種想法，而這種想法，無論透過哪一種方式，總會成立，但這並不重要。當這想法顯得神祕，就還不算虔敬；當這想法是抽象的物質主義，就還不到大逆不道的地步。尊重人們認為可敬之事物，也還不算是虔敬；而「孝敬」這個強烈的說法將虔誠恭敬揭示得很清楚：這兩個字彷彿形成一種普世推崇的不朽價值，整個觀念完整保存。所以，虔敬即是不論任何道理地去尊重。「虔誠恭敬地面對每一天升起的太陽」；約翰－克利斯朵夫的叔叔曾對他這麼說。沒有人知道天亮之後會帶來什麼，是雨還是雪，突如其來的事或是盲目無理的事。不過，首先虔敬，接下來繼續虔敬。

斯多噶派致力於一種現實的想法，他們甚至說那是有形有體的思想，是對世界上某事物的感受。除了這個切入點，觀念本身對他們來說一點也不重要。存在就是世界，不是其他任何事物。當然，他們也探討心靈，並更深入靈魂之核心，也就是意志，而且透過一套至今仍未落伍的推理方式，從人類的心靈探討到宇宙的心靈。因為，他們說，既然人是世界的產物、是世界之子，如果人類有理智和意志，那麼世界也該有。世界等於理智和意志，而且沒有邊際，畢竟，既然除了世界，一切皆不存在，那麼誰能為世界設限呢？這即是斯多噶理論的精要。但這也正是他們強大且虔敬之處；這個世界的確就是那個理智的世界、那個世界的形體。因此無論表面看起來如何，暴力也好，不公不義也好，殘忍無情也好，人們仍應該尊崇。但倒也不是完全不主動。馬可．奧里略說：「只要一看見通道，就該立刻衝向前去。」但是對於你改變不了的事，小心別任意輕視。「噢！大自然！你的四季為我所帶來的一切，我都視為果實。」這首短詩亦出自馬可．奧里略之手。而嘲笑馬可．奧里略的勒南[6]也因此被評論。

6 勒南（Joseph Ernest Renan, 1823-1892），法國研究中東古代語言文明的專家、哲學家、作家，曾出版《馬可．奧里略與上古時代世界之結束》。

在此出現了真正的寬容、武斷的教條，而且完全不是皮浪式的思考。異族宗教本身即是詩；朱比特也就是天，刻瑞斯[7]是富饒的大地，而尼普頓[8]是洶湧的大海。無知與迷信的人們常犯這個錯，因為他們不知道原來自身的宗教如此真實。而觀察飛鳥與祭祀牲品的內臟便知神明也並非荒謬可笑。甚至，在將無辜的動物餵飽後先供奉神明的習俗中，其實蘊藏一份深奧的智慧並防止神明碰觸血腥的想法。可惜神明對此不夠了解。行動的準則不僅是知道人們要什麼，同時還要觀察世界的各種徵兆，以便知道我們以及我們的行動將被帶往何處，而這即是虔敬。但完美的虔敬是懂得協助祭祀，在把焚香灑在炭上，毫不否定自我，不出言諷刺亦不嬉笑扮丑。很難。但我在這其中看見一種偉大，以及羅馬式的和平。

7 刻瑞斯（Cérès），羅馬神話中的穀神。
8 尼普頓（Neptune），羅馬神話中的海神，相當於波賽頓。

65

愛比克泰德的《談話錄》與馬可．奧里略的《沉思錄》

1923.2.8

愛比克泰德的《談話錄》與馬可．奧里略的《沉思錄》這兩本書不常見於書店櫥窗裡，首先因為出版社唯恐這兩本書留在書架上，也因為讀者會馬上買走。只是出版社都被各方作者吵得頭昏腦脹，沒有好好思考這件事：《聖經》在書市上獲得空前未有的成功，然而《聖經》可不是歌頌宿命的詩，而是一本呈現過去的書。我先前提到的兩本書在過去一直是頑強不馴的人們的必備讀物；在好戰分子的書單上，理應名列前茅，屬於新時代的書，無論在今日和所有世紀，讀來備感創新且熱血。「我就是世界」，愛比克泰德如是說。

以最深層的意義來看，這也是兩本革命性的書。「才不是呢！」你會這麼反駁，「比較像教人聽天由命的課本，適合老人和病患。」我卻一點也不這麼認為。天主教的智慧為這些令人生畏的書加上相符的標記：驕傲。每一頁無不寫著對相信的抗拒和判斷的意志力。對，一切都還給了凱撒[9]；這虛弱可憐的軀體還給了凱撒，而且幾乎是扔還給他；但否定的自由、同意的自由、尊敬和斥責的自由全搶救下來了。精神的反抗從不曾用如此奇特的手法層層剖析；但是，由於立即的報應，凱撒也從來未曾如此赤裸。畢竟，他統治的是什麼？表面上看起來是任他擺布的軀體，實際上卻是一些智力薄弱的人們，若不認同支持就完全不懂得如何服從。所以凱撒在尋求贊同；這甚至是他唯一尋求的，他要掌握的是民智。但要怎麼做？用他的衛兵和威脅？那會貽笑大方。一旦連群體中最弱的那人也了解到自己能保有判斷的權力，所有外在權勢皆相形失色。因為所有權勢都必須有說服力。能出動衛兵，那就表示他說服了衛兵，無論是承諾或威脅，使出任何手段都行；萬一衛兵拒絕相信，那他就不能算是暴君了。但是人們能夠那麼輕鬆自在地相信嗎？他們的判斷該順應承諾或威脅？答案我們再清楚不過。要先瓦解這股在人心中看起來機械化的政治力量並非小事一樁。所有政治力量皆憑藉心智來作用在心智上。軍隊憑藉輿論得到武裝。一旦公民拒絕認同與相信，就連大砲和機關槍也沒轍。

不過，什麼？所以，現在輪到我該去說服衛兵隊裡那些遲鈍的人？不，這不是個好的開始。應該從你自己開始才對，因為我覺得你跟衛兵一樣遲鈍，跟衛兵一樣匆促，急於崇拜可能對你有用或對你有害的人。無論你是誰，你等於是衛兵隊的一分子；那個唯利是圖的人，其實就是你，開始極為隱祕地暗中啟發或喚醒自己駑鈍的心智。他會發現這個驚人卻又簡單的真相：世界上沒有人有權勢去掌控內在的判斷，因為，若他人可以強迫你在大白天中說「天黑了」，卻沒有任何力量可以逼迫你真心這麼認為，僅需發現這一點，便足以讓衛兵隊起而反抗，真正的反抗，唯一有效的反抗。凱撒的內心在顫抖，他心想，用那一切威脅和利誘，或許還不能在這個冷漠、服從、猜不透的人身上掌握到一絲信任。在學會說不之前，應該先學會想說不。因此，若你在許多新書中發現愛比克泰德這本藍色封面的珍本，請學我昨天的做法，買下這本書，為這名奴隸贖身。

9 這句話出自《新約》〈馬太福音〉：「把凱撒的還給凱撒，上帝的歸為上帝。」

66 「你有能力，就教化他們……」

1924.2.8

「你有能力，就教化他們；如果無法教化他們，請忍受他們。」馬可・奧里略這句話是一切世事的總結。我在求學階段，認識了一名非常溫和的俄國人。他說，如果要為歐洲帶來和平，只需經過精挑細選，殺掉一萬兩千人就夠了。這真是幼稚的想法。狂熱激情造就出一堆怪物，而這些瘋狂的想像本身正是怪物，不過是暫時的。那個可疑的俄國人並不壞，聽聞過很多事，但該在乎的部分他完全不在乎，一如我們每個人，將他根本不認識也沒見過的人們宣判死刑。憤怒最無法原諒的，便是純粹想像力豐富的人。要如何原諒他們？這些想像是我們自身投入的浮誇虛榮、愚蠢和無情所拼湊出來的，根本不是從他處來的啊！但是，老兄，這些奇妙的特質是從哪裡挖出來的？我猜想，正是從你身上。你的憤怒造就他的存在，你不動刀便能殺掉他。

在每個人身上皆找得到所有人的祕密。善惡不分；或者，是暴力這毒藥摧毀了善；只管假設別人如此，因為你自己就是如此，如此簡單。人類的苦難來自凡人的激昂。所有戰爭都源自那些愛好和平的人，他們的溫和恰似那個可疑的俄國人，他們暗自思忖：「只要殺掉一萬兩千人，和平近在眼前。」這些人也一樣，誠懇乞求：「再多一具屍體就好。」猶如那些看見幽靈的瘋子，每一次殺掉一個人。

在太平的日子裡，人們就像現在，會害怕、憐憫、發怒、狂熱興奮。明天可以是和平的，平平靜靜，輕鬆的明天。別再問：「我們現在過得如何？」一旦和平，人們便能活躍在地球上。你表現出的謹慎根本盲目不經思考。你問道：「我們以後該如何從廢墟中重新站起？」卻不願問：「我們以後該如何重建那些即將被我們破壞的廢墟？而在那之前，我們該怎麼補償這場破壞？」以苦難彌補災厄，原來這就是藥方？但是小心，若我為此發怒，那又多了一件災難。這是我個人唯一能造成的災難。對戰爭發動戰爭會引來無止境的戰爭，這我懂。所以，首先維繫我周圍管轄範圍內的和平。我率先與人們締結和平，而萬一他們根本不願和我簽訂合約，也不願互相承諾和平，我能怎麼辦？萬一我和他們開戰，因為他們全然不想和平相處，那麼就又多了一場戰爭。朋友們，你們每個人都有維繫和平這項高貴的權力。別等明天，今日就開始。

67 勒南錯估了馬可．奧里略

1923.6

勒南錯估了馬可．奧里略，甚至嘲笑他，以致其他人也隨勒南一起嘲笑。老學究一旦附庸風雅便令人質疑。而我們很清楚，一位皇帝不需故作優雅；那是他與生俱來的特質。他是騎馬習武之人。反觀常年關在書房的人，一旦想像力豐富，則經常夢想騎上馬匹，衝鋒陷陣，總之不止一次快刀斬亂麻。這些行動遠看帥氣且令人驚喜，而身在其中時，雖依舊帥氣，卻變了調。拿破崙本人曾經墜馬，並掉入布洛尼軍營（camp de Boulogne）的爛泥裡。馬可．奧里略的思想也在兵馬雜沓的汙泥中寫就而成，這是難以想像的情形。因此，性靈陷入泥沼時，人有某種孤獨之感，便求助於修行冥想。亞歷山大大帝身邊總帶著一部《伊利亞德》（*Iliade*），但我相信他想從書中得到的絕不是策略戰術，而是在淡忘了軍隊的爛泥後，他逃逸的心靈。純粹搬弄文字的作者不斷自問自答，且在這些問答中加入一切，特別是他根本沒有的一切。他將自己設想成皇帝，扮演那個角色，只是大家都很明瞭，飾演國王的演員永遠不可能交出王位。他永遠把自己想成國王，此外，他也完全不知道如何當國王。而有些真正的國王本身更是演員。因此，我喜歡拿破崙那股偉大的氣概，他在已出發前往聖赫倫納島的船上，接受人們為慶賀八月十五日[10]而獻上的致敬，當時他什麼也不明瞭，這個日期在他聽來，與對他身邊的大臣來說，意義截然不同。勒南那篇平庸的抨擊文即可出此解釋，因為在大臣眼中，國王退位是一件丟臉的事。我理解，不覺得有什麼。「這樣太不尊重我。」內侍大臣說。然而，懷抱希望的內侍大臣委實卑劣，而想像力豐富的內侍大臣還更是卑劣。

野心微小則無可救藥。渴望權勢、高貴的地位、財富、榮耀，卻絲毫未可得的人，算是徹底失敗的。如果想配得上這些，就應該擁有，並以迅雷不及掩耳的速度占據最高的位置，連羨慕的餘裕也不留。胸懷壯志，以義務的心態取得政權的人，他更是志得意滿；但這種情況極少見，而且對這位法蘭西院士來說簡直如謎，因為他總是妒羨難當，宛如受其鞭策而傷痕累累，即使他已坐上那麼高的位置。空降的國王絲毫沒有這些自卑，天生繼位的國王也不會有。

10 拿破崙出生日，而聖赫倫納島為拿破崙最後被流放之處（一八一五），一八二一年於此離世。

帕斯卡批判一切，我喜歡他說，軍隊士兵的臉又肥又紅；但其實當國王的夢，他頂多只做過一、兩晚。儘管如此，他針對這件事評論道：「一個笨蛋的痛苦肇因於他人天生擁有統治的權利，這著實令人感到恐懼。」這層次遠勝妒羨，而且高貴。如今，我們的馬可·奧里略詮釋得更簡潔，而且不帶那種來自階級底層的戾氣：「晨起後，先對自己說：我會遇見一個脾氣壞的人，一個忘恩負義的人，一個狂妄自大的人，一個狡猾的騙子，一個嫉妒心強的人，一個自私的人。他們之所以這樣，是因為他們不懂什麼是好什麼是壞。」要知道，這是一位真正的皇帝，他在面對群眾之前都要先如此告誡自己。不過我還想再引用一段：「所以，現在就讓他們出現吧！亞歷山大、腓力二世，還有法勒魯姆的德米特里[11]，這幾位楷模，倘若曾目睹普世的本質要的是什麼，倘若他們演過悲劇的話，沒有人曾強迫我非模仿他們不可。」注意，這番話的作者可不需要想像自己哪天才能當上國王。

11 法勒魯姆的德米特里（Démétrius de Phalere, 350?-280 BC），是雅典的演辯家、政治家、哲學家、作家。他出身法勒魯姆（Phalerum），後來成為泰奧弗拉斯托斯（Theophrastus, 371?-287? BC）的學生，也是早期逍遙學派的其中一員。德米特里之後成為傑出的政治人物，並被馬其頓的卡山德命為雅典的僭主。德米特里單獨治理雅典十年，期間對法律進行重要改革。

68

整個神學理論中有點什麼已死

1923.12.20

整個神學理論中有點什麼已死，整個幾何學理論中也有些死去的了。那是上了鎖的理念，無人可再查看，而且被造冊標上縮寫，以便清算，猶如保存圖書的人一樣。然而，這些精神食糧比嘴巴吃進的存糧更容易腐壞。人們不再思考的想法能算是什麼？鮑蘇埃[12]以永恆的真理證明真神存在。一項真理不能停止為真。笛卡兒死了，鮑蘇埃死了，真理永遠不死。但由於缺乏引人深思的真理其實什麼都不是，所以存在著一位永恆的思想者。這可是一種學派思想，一個觀念寶庫。笛卡兒難懂得多，他打破了觀念寶庫，甚至觀念本身，甚至言明永恆的真理根本不存在，真理時時刻刻由上帝的意志決定，包括三角形和圓形也不例外。懂的人就會懂。這種論點依然聳動，並提供了一次懷疑不可疑的機會；因此在笛卡兒的神學理論中，處處提

12 鮑蘇埃（Jacques-Bénigne Bossuet, 1627-1704），法國主教、神學家，以講道及演說聞名，路易十四的宮廷布道師，宣揚君權神授與國王的絕對統治權，著有《哲學入門》。

示不輕信的理念。偶像該一把火燒掉。真正的幾何學家如此發展研究，永遠保持懷疑，拆解一切，觀念從中源源而生。畢竟我認為，若想知道一條直線是什麼，就必須一直掛記在心；我的意思是，一直掛念這個問題，一直力求答案，亦即懷疑與相信並行。至於直線，它自成道理，被封閉在某座測量宮殿中，我知道，這直線一點也不直。世界上沒有任何東西是直的。沒有任何東西是準的。沒有任何事物不是上帝。但公正的人是永遠考量準確度的人，並且持續維繫，持續力求，仿效笛卡兒的上帝持續不斷地創造。如此一來，公正的人凡事求公正，一如幾何學者處處望見幾何學。這樣一個人絕不放心信賴事物的秩序，而他的評判尖鋒永遠針對已建立起來且受推崇的正義，根據尚不存在的模式修正正義。這股道德判斷的大火，這急於突破的熱忱，如此崇拜一個只是受到愛戴、透明赤裸且沒有任何權勢的上帝，宗教即透過這種方式存活重生。這個社會主義者的宗教成分遠多於那個托馬斯主義者[13]。但如今的社會主義很有可能具神學色彩，而公平正義被鎖進某個精準測量庫藏閣中。所以這個觀念可能將被人類的自滿扼殺。

從最廣的定義來看，所有乏人思考的觀念都應稱為機器。我注意到，無線電話消除了理解力的運作，甚至消除了試圖理解的念頭。飛機扼殺了製造飛機的想法，就像鳥兒身上的翅膀扼殺了懷疑，靈魂論扼殺了牛頓和歐拉[14]的公式。畢竟，假如一切都已經過深思熟慮，誰還會去思考？假如一切都已定調，誰還會去調整？暴力正是某種不需任何懷疑的思想所造成的立即效應，而且難以避免；而從瘋子身上所看到的大致如此。也許所有神學理論的目的即是：一旦達成之後就如坦克車一樣轟隆上路。權勢就是這樣侮辱了正義。

13 托馬斯主義（Thomiste）是由哲學家、神學家兼教會聖師聖・托馬斯・阿奎那（St. Thomas Aquinas, 1225-1274）的作品、想法中衍生出來的哲學學派。

14 歐拉（Leonhard Euler, 1707-1783），瑞士數學家和物理學家，近代數學先驅之一，在諸多數學領域，包括微積分和圖論等皆有重大發現。他確認許多數學術語和書寫格式，例如函數的記法；此外，在力學、光學和天文學上亦有突出的貢獻。

69

我看到有人歌頌聖．托馬斯．阿奎納

1924.9

我看到有人歌頌聖．托馬斯．阿奎納，挺好的，我非常尊敬那部著名的《神學大全》(*Somme Théologique*)，好幾次因為在書中找到亞里斯多德的觀念而感到欣喜，那也是我衷心致敬的大哲。現在，我卻必須說明為什麼這套神學理論在我看來是錯的。托馬斯修士提出以下理念：所有人之中，最強大者必然存在。這是定義問題，而且你們可以猜到我的論點。儘管如此，我不在證明上多著墨，反而想好好深思這過分強大的巨大存在。話說，為什麼要尊敬這巨大的存在？這是一個不容易通過的關卡。我必須得到證明，或簡單一點，讓我看到，根據推理和經驗所得，智慧、公正和善心與強大的勢力站在同一邊。笛卡兒希望完美的狀態存在，謹慎地不混淆強勢的無限和精神的無限。而很清楚地，在這一點上，他拒絕成為托馬斯主義者。走自己的小路，我也會到達同樣的目標。一顆石頭之力足以殺死我，但對於我的敬意，世界上再大的石頭也只是虛有其表。拿出更謹慎的態度，注意觀看人類的各種勢力，我得知有才之士為何隱退，勝利者為何總可能是蠢才。在與我更相關一些的環境中，我看見金錢這項勢力利用經營之便引人避開求知，甚至避開觀察。我看見，在各種學問內部，權力引人避開知識；飛行員起飛，絲毫不在乎該去了解這是怎麼做到的。簡單說，勢力是一種我無法將之與智慧連結起來的屬性；我如何能把它跟正義和善良連結？處於這樣的境地，我該如何用更抽象的方式冒險將它們連結起來？答案是崇尚棍棒。不，上帝可不是小學老師。

因為親身體驗過，我知道，過去的人被強迫崇尚棍棒。讓人時時刻刻感受到威權的那人，人們最後會感激一切他沒做的壞事。讚美，一旦從他口中說出，甚至能達到超出尺度的取悅效果。另外我也必須說，我出生在一個幸福的時代，從來沒見過真正的暴君。儘管如此，只消幾年戰爭，就讓我具體得知何謂一個凡事崇尚的奴隸，立即根據主人的快樂與痛苦做出應對，此乃最完美的服從。在主人的神學理論中，很自然地，權勢及完美必能連結，但我談的不是這個，而是要點出：奴隸也不能分別看待權勢與智慧，甚至權勢與善心。而當我們被矮化到要期望主人滿意高興，這微小的感受仍如一道閃電貫穿我們的神智。此刻，我似乎看到了「權勢應受尊崇」這種古老思想的起源。號角響起，震耳欲聾。夠了，已經夠了。這份權勢，我樂於稱之為強權，而我希望遇見強權之際，能和貝多芬一樣，不脫去帽子。[15]

聖．克里斯多福[16]的傳說教我更多。因為這位巨人一出生便立誓服務他認可的人。這位背負基督的巨人去找了一位又一位君王，尋求最強而有力的主人，認為唯有這樣的人才配得上最強而有力的僕人。結果他找到了什麼？他何曾看見自己扭曲纏繞的棍杖開花[17]？在他揹著一個弱小的孩童時。沉重的負荷，的確，卻也是另一種重量，壓在萬事萬物上的強大力量。這位性靈，隨各位怎麼命名皆可，對這股強大的力量一點也不訝異；他絲毫不讚美那分身的分身（即那個耶穌化身的小孩，也就是上帝的分身、耶穌的分身）。他注重其他價值，他要的不是最強大的，而是握有權利的。將服從之心放在一旁，完全不摻雜敬意。上帝之子與被處死的上帝，這十九個世紀以來所象徵之事。我同意這遼闊的想法難以用神學的角度去思考，而這可是神學界的憾事。

15 一八一二年，貝多芬和歌德第一次見面時，在路上遇見奧地利女皇出巡的隊伍。歌德脫帽肅立，俯首等待隊伍通過，貝多芬卻昂然闊步依舊前行。此後兩人沒有更進一步的深切交往。

16 聖·克里斯多福（Saint Christophe），曾揹著化身為小孩的耶穌過河，這個名字的意思就是「背負基督的人」。

17 為證明亞郎（Aaron）為大司祭乃出於天主的旨意，天主曾使亞郎的棍杖開花結果。後來棍杖開花引申為「上帝親選之人」。

第三部分：人

L’HOMME

天性

Nature

70

做而非受，這是愉悅的基礎

1924.9.15

做而非受，這是愉悅的基礎。但因為糖果帶來一種小小的快樂，而且什麼都不必做，只要讓糖果融化就好；許多人也想用同樣的方式嘗到幸福的滋味，而他們都錯了。假如只願聆聽而完全不開口唱，便只能從音樂中獲得極少的樂趣。因此聰明的人會說他用喉嚨品嘗音樂，而非用耳朵。同樣的道理，來自美好圖畫的愉悅是一種得到休憩的快樂，假如自己不作畫，或不做些收藏，這份快樂恐怕不夠分量；不僅要會評價，還要懂得研究和爭取。人們觀賞表演，卻不願承認其實覺得看戲多麼無聊；應該要想辦法創作，或至少演戲，而那也是一種創作。大家都記得那些社會喜劇，演員演得很開心。還記得那幾個快樂的星期，我成天想著造一座偶劇劇場；不過實情是，我用我的刀，拿樹根雕刻出放高利貸的人、軍人、天真少女和老婦人等角色，另有別人為他們穿衣打扮。我對觀眾一點也不了解，評論任由他們；這是很微薄的樂趣，儘管創作的成果那麼少，終究也是樂趣。打牌的人們持續創造，改變機械化進行的情勢。別問根本不懂得怎麼玩的人喜不喜歡這場遊戲。一旦摸熟套路，政治一點也不無趣；只是必須花心思學習。所有的事情都一樣，必須學著樂在其中。

人們說，幸福總從我們身邊溜走。對於得到的幸福來說，此言不假，因為根本沒有得到幸福這回事。但親自開創的幸福絕不會錯。那就是學習，活到老學到老。知道得愈多，學習能力愈強。這即是拉丁語學者的樂趣：他的學習永無止境，反而因為進步而增加。音樂家的樂趣亦然。而亞里斯多德說了這件驚人的事：真正的音樂家是喜歡音樂的人，真正的政治家是喜歡政治的人。「樂趣，」他說，「是強大權勢的表現。」這句話如雷貫耳，用詞精準，引領我們超越學說；若想了解這位徒然被那麼多次否定的驚世天才，這正是該用心閱讀的一句話。各種行動的實際進步表現在是否懂得其中樂趣。由此看出：唯有工作最有滋味，也就夠了。我的意思是自由的工作，既有強大力量的效果，又是強大力量的源頭。再一次，完全不被動忍受，而要主動出擊。

我們都見過那些在閒暇時為自己蓋小屋的泥匠。也應該看看他們怎麼挑選每塊石頭。這份樂趣在各行各業皆可尋得，因為工人永遠在創作和學習。但是除了敵人帶來的完美機制，當工人在作品中不占任何地位，總不斷重新開始新的工作，無法擁有他完成的部分，無法用來學習更多事物，那也是一場大混亂。反之，付出勞力後的結果，以及辛勤工作後值得期待的成果，皆能使農人幸福；我說的是自由且身為一家之主的農人。儘管如此，傳言甚囂塵上：詆毀這種消耗勞力的幸福，總悼念得來即嘗的幸福。辛苦才是好的，第歐根尼想必會這麼說；但性靈一點也不喜歡背負這種矛盾，他必須克服，然後，再一次愉悅地思考那種辛苦。

71

弱者有弱者的智慧

1927.6.10

弱者有弱者的智慧；他要每個人依照他人的方式發展，模仿一切，一切也被模仿。於是，視每個人具備何種長處，為了盡到與眾人相似之義務，也就是先服從眾人，而犧牲自己的天性。然而，這種十分有道理的教訓可能出現兩種值得關注的結果。第一種是，在這社會裡，所有人的水平盡皆降到最弱、最笨，如同上流人士的交談，最聰明的人也努力裝傻。另一種結果相對隱密，僅在成效很大的時候才看得出來：最弱的人總是被外在的理由牽制，隨機遇見什麼就是什麼，一切交給強權，無論心情、熱情或者各種意外。這對弱者來說可行，因為他們在這個世界上極少引發什麼效應；但對強者來說很難行得通：這種被奴役的感覺令他們不耐，他們狂怒反抗。在明眼人看來，戰爭發生的主要原因正是這個弱者的帝國和強者被奴役。我只舉一個例子：荒謬、毀謗他人且惹人氣惱的消息是誰在散播的？除了弱者還有誰？他們不加思索地把話說出口，如同破鍋裡的水，一注進去就漏水。所以，誰會去奮鬥，並為支持某種言論惹來殺身之禍？除了憤怒的強者還有誰？

強者有強者的智慧。昨天我在史賓諾沙作品中再次讀到，依然驚人。我從中得知，每位強者皆具備的長處便是保持自己的本色，他的理智絲毫不願為身旁的人而活。因此每個人的權利即為這種存活的力量，以及保持本色的力量。這種寓意宛如鐵甲，一旦擁有，等於有最深層的和平以及自古傳講過的最神祕宗教；暗藏在它之下的，竟能輕易避開史賓諾沙透澈如水的特有犀利，變得深不可測，無法看透。我把這個部分留給能閉關六個月閱讀巨作厚典的耐心讀者；歌德就有過這樣的經驗。但外面的空間仍各有可觀之處，除非你什麼都恐懼，而那可是最危險的精神疾病，必須先治癒才行。

如米開朗基羅那樣的力量，如貝多芬那樣的力量，那種強大且無敵的天性，根據自己的法則自轉；我們很清楚地感覺得出來那並不可畏，卻也容易動搖。而人們對這些人的祈求不是：「請跟我們一樣，噢，請跟我們一樣，模仿我們，推崇我們這種小智慧，飲下弱者歡喜的這同一碗湯吧！」不，普世通用的祈禱詞反而是：「做你自己，別顧慮我們，別為弱小的我們著想，這樣你才能幫助我們、激勵我們、拯救我們。」所有人都奔向這股強大的個人力量，或者，為了讓這個詞聽起來更有力，奔向這股強大不可分割的力量。他的偉大作品，無論是雕像還是交響曲，經過多個世紀之後，依然是這個世界上最珍貴的財富，也是最真實的和平貢獻紀念。那個國度的統治者是強者與桀驁不馴的人，他們建立起這個世界的和平。我們只需小心，千萬別把這些強大人類的遊戲和弱者群聚之政府的動亂混為一談；後者反而是外來且不人道的力量，猶如暴風雨和火山，即使捍衛的理由一樣。試想上千個瘋子聚在一起，或者上千個膽小鬼，他們彷若被牛蠅叮咬的牛，一定會造成恐怖的效應；而這與某種沒來由的雪崩，或那些不知所謂猛浪頗為相似。養成這個觀念，以後就不會隨意贊同。

72

史賓諾沙說：「人根本不需要完美的馬。」

1930.6.15

史賓諾沙說：「人根本不需要完美的馬。」這則論點貼切地描繪出魯莽的思想家，並告訴所有人：他們根本不需要完美的旁人。如此一來，每個人的嫉妒心都根治了，模仿的念頭也被轉移了。當然，美德的原則在於自然流露的舉止，以及努力保有自我。若擊劍手身材嬌小，就請他以速度和跳躍來彌補。或許只有在試圖模仿別人的時候，人才會對自己不滿。不過這也是因為我們想為他人而活，至少是在自己身上找出讓他人認同的理由，倘若那些理由能讓我們被別人認識的話。於是人們不知不覺急於向他人描述自己，這是虛榮之舉。

這種怪癖恐怕源於對自己的恐懼，甚至厭惡。關於人類自私的研究指出，人類一點也不喜歡自己。借用某位作者的話說，為了自己根本沒有熱情的事物犧牲，簡直瘋了！所以必須追尋自我、找到自我。但此事很難：每個人對自己的想法皆有共通之處。這個共通點便是想法本身。某項證明必須在所有人身上都說得通，要不然就是連對我都說不通。正是基於這種心態，人步入了想和別人一樣的歧途，想跟上流行似地追逐某種意見。我們學著用和旁人一樣的標準去判斷；而那些人彬彬有禮，脾氣卻難以捉摸。因為脾氣可一點也未被人云亦云收服。大家可以注意到，不實的迷戀和根本不確定的評判尤其容易伴隨暴烈。想和眾人一樣的同時，應保有自我。關於這一點，巴爾札克寫下一段驚人的想法：「天才的好處是他像所有人但沒有人像他。」毋庸置疑，巴爾札克這位天才本身即是例證，不是因為他闡明道理，而是因為深具說服力。畢竟支持我的論點、對我有幫助的，正是那強而有力地保有自我的人。

那麼，那些我稱為有鱷魚本性、武裝且藏匿得如此妥善的人，例如笛卡兒、史賓諾沙、歌德、司湯達爾，為何不容易了解？困難其實來自一項非常古老的誤會，純粹源自神學院，使我們把普通當成了普世皆通。有一門學院派科學想以一種觀念貫通好幾樣事情，一旦在那一點上迷失就很難拉回。掌握了各種現象變化，例如藉由能源這個共同概念認識熱與功之後，有多少人以為自己已經徹底了解！他們才在起步階段而已。依然是那位史賓諾沙，他總以有力且神祕的方式提醒世人；他告訴我們：人了解的獨特事物愈多，對上帝的了解就愈深。知並不難，難在知而後行；

也就是說，透過所知來思考最終的差異。對於只把觀念當做工具或手段的人來說，一切皆新鮮，一切皆美好。

從這條思路回頭討論關於自我之想法，我認為人應該以普世的角度來自省，而非視之為一種普通行為。普世來說獨特且無可模仿，說穿了就是拯救自我。心智偉大的人物僅忙於戰勝專屬他們的困難，而那些困難深藏於他們的脾氣性格之中。我要補救的是某些愛、恨、渴望的方式，十足的獸性，一如雙眼的顏色之於我，緊緊相隨。我要做的是補救，而非消滅。吝嗇是各種執迷中最小氣的一種，其中的秩序精神，普世皆準，對工作的看重，舉世皆然；痛恨浪費時間和瘋狂揮霍之心，人皆有之。這些想法，畢竟是思考的成果，將能確實拯救吝嗇鬼，假使他肯做自己，知道自己想要什麼的話。野心方面的討論亦然：如果他真的有野心，因為他想得到有價值的讚美，用來誇讚自由的心神，差異和抵抗。對喜歡的事物更加緊去愛，於是，愛得以保全不間斷。因此笛卡兒說：「沒有任何迷戀是不能善加利用的。」老實說，他根本沒有解釋這句話；但每個人在認識自我的過程中早已應用了這份堅決的樂觀。在此，追隨笛卡兒，絕對不是想變得跟笛卡兒一樣。不是的；我還是我，正如他就是他。

73 史賓諾沙的作品

1930.6.27

史賓諾沙的作品，始於晶瑩剔透的幾何學，終於神祕的流射，這之間有一道深不見底的鴻溝。表面看來如此。而我相信，許多知識淵博的人已試圖戰勝這種表面說法，畢竟史賓諾沙的作品廣為閱讀。但是那些金玉良言有如紛紛落下的水果，該如何知道它們是從哪裡掉下來砸中我們的呢？諸如，一個人的身體愈擅長捕捉各種感受，做出各種行動，他的心靈愈能持久永恆；或者，更貼切的一句：對特殊的事物認識愈深，就愈愛上帝。我縮寫原文，但他表達的確實是這個意思，而這令人啞然。這是因為人們沒有好好讀通枯燥乏味的預備章節。而那正是這套理論中藏得最深的觀念之一。有那麼一個存在，一個人；這個人永遠只會被外來的因素破壞。他身上沒有任何疾病，心中不藏任何絕望。如果他自殺了，是因為惶恐地感受到自己的天性中住著某個祕密敵人，且正慢慢地摧毀他；如果他是這麼相信的，如果他在將匕首刀尖轉向抵住自己時這麼告訴我，那麼這個人是在自欺欺人。轉動匕首對他來說如同一塊磚瓦掉下來一樣奇怪。磚瓦紛紛掉落意謂著，存在的期限取決於始終壓制著他的廣大宇宙，某種程度上總形成阻礙、製造摩擦、濫用歌德和特塞提斯[1]。就是這落雨般的磚瓦，大大小小，最後將殺死我們。但我們本身一點也沒有死亡觀念，死去的根本也不是我們。假如在那人的天性特質中，在他用來當做感受、行動和愛之準則的平衡運動公式中，有某種違背他的因素，他應該一刻也活不下去。所以每個人都具備一種真，與期限毫不相關。每個人心中都有永恆的成分，僅屬於他一個人。在他做自己、透過一次萬物與人類的機緣巧遇、在生命中盡情流露本色的幸福時刻，試著去掌握這種唯他特有的潛在力量。愚蠢的人們會說這種幸福是外來的；但智者或許只有在那些他大膽做自己的強大時刻才會明白。歌德曾說：「所有人在自己的崗位上都是永恆的。」

歌德，如眾所皆知，為了閱讀史賓諾沙，曾隱居六個月。他讀懂了。這場相遇成就了一個美妙的時刻，其本身即是永恆。對我們這些人來說，那是智慧的亮光。彷彿受到影響，詩人歌德完全不沉浸於天馬行空的想法。他睜大眼睛思考。而無論

1 特塞提斯（Thersites），希臘神話人物，荷馬在《伊利亞德》中把他描述成醜陋平庸又卑鄙的人物。後世文學中，形象逐漸變成地下階層反抗貴族領導的象徵人物。

他看見的是蝴蝶還是人，抑或是一朵花，或一根海水沖洗過的綿羊脊椎骨[2]，忽然間，他感受到的是一種強烈、平衡、充足的天然本性。這種天性與整體息息相關，然造就這位哲人的絕不是這些外在且抽象的視覺，而是事物帶來的那個獨特且確切的想法，或者說，直觀凝思而得的事物的靈魂。那是另一個真實，無言的真實。而詩人的特殊魔法即是讓人亦感同身受，體會到這宇宙唯一的特殊存在。由我來解釋這些可能會令我不知所措；但詩人透過事物或大或小的迴響，以及那種始終巨大、充足、如神一般的魔力，直接將它置入我心，強迫我接受。詩人提示我：死根本不重要，只要我懂得觀看，任何時刻皆永和美好。每個人都曾體驗過這種突如其來的幸福，與期限無關，並讓人愛上這短暫的人生。而這即是《倫理學》的第五部分。我們從中穩固地建立自我，並心懷感恩。曾言明我們愈了解獨特的事物就愈愛上帝的這個人，他甚至說過更大膽的話：「我們感受著並體驗著我們的永恆。」照映這面鏡子，詩人認出了自己。

2 歌德撰寫過《動物變形論》，他認為動物最重要的部分是脊椎骨。

74

歌德是八月之子

1921.8.28

歌德是八月之子。每個人的命運由他初生下來那幾個鐘頭的星座運勢來決定，我無法徹底藐視這種上古時代的觀念。這些預測想必是人類思想的雛形，排斥接受星座運勢同樣愚蠢。所有的錯誤都必須在真相中找到地位。顯然的事實是：一個一開始就躺在夏日暑氣中曬太陽的孩子，與最初窩在壁爐架旁長大的的孩子，兩者的環境與感受必然不同。後者將成為真正的人類之子，在意人類的問題，例如睡眠、生火、警衛、公正性；前者則將如天空之子、季風和江河大海之友，他若成為詩人，那可相當於兩位詩人的才情。不過這些差異與每個人天性中太多其他成分交纏，以至於天文學界的偏見必須止於隱喻的層次，如天空一般懸隔在我們的思想上方，在那無法看透的明亮中，一切有待解釋。必須盡可能跟上這個強大的人。儘管如此，從那不畏虎的初生之犢到發展出占據少年歌德心神的石頭湯[3]，延展出一條光明的道路。

我們知道燧石，如歌德的做法用酒精處理過，或僅猛地放進水中冷卻後，會呈現出凍狀透明的二氧化矽。歌德在他的回憶錄中敘述，他曾勇往直前，思索這個現象，認為自己從這種像動物外表的形態中找到煉金師的處女地；但他在這無定形的凍狀物上白白嘗試了所有想像得到的反應物；他說：「沒有任何辦法能讓這塊所謂的處女地成為母親的狀態。」只是，基於這種冒險的想法，他又投入礦物學研究，終其一生。在此，對於處女母親這個觀念，我們可以有些看法。畢竟，詩人情懷可從任何事物中湧出，圈起一個從天堂到地獄的遼闊範圍，而思想家從此持續珍愛這個隱喻豐富的範疇，視之如命。不從結束開始的人再也不知道該如何開始。我無法相信擁有旅人靈魂的柏拉圖竟是十一月之子。他那些孩提時期的夢想，後來成了思想，引領他遠遠走在我們前方。在歌德身上，我又看到這種珍貴的運作；詩人用以完成思考，彷彿灑下一張大網，捕捉到整個大自然。於是任何詩作都有這樣的氣度，而且，換句話說，任何思想也有這般詩意。例如橋拱、上千群牲口、人類的財富、熱情，皆從其上下通過；但首先要有橋延伸出去，不必考慮那些事情的細節。

處女般完好的觀念展現出一種先知之美。初步的確信之後，創造性的懷疑隨之而來。由於機制經驗的濫用，出現了一些可說存在著錯誤觀念的時代；那時，一顆小石頭其實只不過是一顆小石頭，一樣東西其實只不過是那樣東西；這種真實的抽象只不過是手中的一點沙。但是，當它從歌德這樣的人手中誕生，一切重來，而占星學重新照亮天文學。黑格爾可以接著歌德而來，還有其他許多人，他們後來都重新學習如何根據詩意的預測思考。懷疑之前必須先確定；所以，求美必先於求真。這一點類似那則古老傳說：人們看見一塊塊石頭隨著里拉琴聲，自行排列出城牆，宮殿和神廟。

3 編注：流傳於法國的民間故事，大意是三名飢餓的士兵經過某村落，並向村民索取食物，但村民一逕說，沒有食物了。其中一名士兵心生一計，升起材火並高聲喊：「美味的石頭湯要煮好了喔！」並在水滾後，喝一口熱水，直言：「真好喝，再加些蘿蔔更好。」村民聞言，便拿出一些蘿蔔。由此，食材愈加愈多，最後真的煮好一鍋美味的湯品。村民和士兵皆大歡喜。

75

康德必然是歷史上頭腦最好的人之一

1924.3

康德必定是歷史上最頭腦最好的人之一，然而歌德這位思想家有著另一種優點。基於他的熱情和年少輕狂，也基於他的職位，他比較親切；畢竟他曾貴為部長，儘管權高位重，卻懂得小事亦要嚴謹辦理。因此，康德將這個世界一分為二，其動物性的部分在那些敏感的表象中散步；而就這一面而言，正如女性們已注意到的，幾乎有如機器人。然而他的思想，卻完全自由地在純粹的觀念世界中進行其他形式的散步。擁有另一種人生，這放縱無邊的想法理應稱為烏托邦，由於飢餓、乾渴及這個低下世界的事務，我們從那個國度被打回現實。反觀在歌德的作品中，一切反其道而行，你絕對找不到這些不切實際的觀念；他整個思想腳踏實地；他活著並且思考，兩件事合而為一。

我猜，康德的性格得回歸到脾氣層面，所以他會想到把全然偏頗的思想稱為病態。這就是為什麼他會對弟弟實踐那種倔強又疏離的修鍊。一個這樣的人會自我修正，不若歌德會自我拯救。他的思想不排拒自然天性，然而他會糾正之，且名副其實的不負糾正這個強烈的用詞。因此，在這樣的人生中，完全沒有制式化的篇章落人口實，批評這孩子沒教養：這又是個貼切的字眼。偉大的心靈有兩種，一種遠離，一種回頭。馬可．奧里略並不輕視皇帝這份職業；但是，即使他因此務實，就某種意義而言，他仍是一名僧侶，且蔑視自己所有的心情起伏，將情緒淹沒沉底。這正是缺乏性格。至於另外那種性格，來自功能、典儀以及我們扮演著的某個角色、具一席之地的集體行動，應該稱之為個體性，以便提醒世人：個體由社會用相互關聯的方式來定義。精確地說，以宮廷長袍和教廷披肩的拖曳來調節行動的，是一套禮服。而歌德穿上這麼一套禮服，恰如其分地制伏了不耐、害羞甚至煩躁等脾氣。

個體只不過是一個人的一半。當這種獨特的脾氣以性格之稱被納入各種思想中，應該稱之為詩，或者奇想。想像不斷製造隨心所欲的表現，比如將一件事瘋狂牽連到另一件天差地遠的事情上，或者像那些諧音，以及那些起初只是擊鼓遊戲的節奏也是。心不在焉的思想家用指尖和整副軀體咚咚敲響，但毫不謹慎專注；詩人的本質是吟唱出音樂，而那其實是各種擊鼓組合的思想。這是野性的想法，卻真實且強烈，而我們所有想法皆由此而來。迷信則永遠是在為偶發的關聯尋找意義。思想背後幾乎藏著這種稚氣的想法。唯有詩人能引渡，將最偶然的和最理性的調和在一起。靈感從來只是一種對動物天性的英雄式信任，彷彿世界上的千萬種雜響及落在身上的雨，皆與最理性的部分合而為一。於是，理性得以鞏固成形，相對地，這個世界得以工整美麗。所以，就某種方式來看，詩類似西卜女巫和無辜者們預言式的瘋狂，但那是一種得到救贖的瘋狂，是一段被拯救的童年。從宗教到科學，這段漫長的過程中標記著我們所有的想法，亦即所有詩人的意念。從過去到未來，詩性畫出這道過程的曲折起伏，讓我們與這個世界和解。

76

歌德與席勒之間美好的友誼

1923.9.23

歌德與席勒[4]之間美好的友誼從兩人的書信往來可見一斑。他們彼此給予對方的唯一援助是互相期待的天性，那就是肯定對方，並只要求他保有自我。尊重人的原貌不是難事，本來就應如此；但希望他們保持原貌，那才是真正的愛。所以，這兩個人各自推展自己愛探究鑽研的本性，至少共同看見了這一點：差異是美妙的，價值的排序方式並非從一朵玫瑰到一匹馬，而是一朵玫瑰到一朵漂亮的玫瑰、一匹馬到一匹駿馬。人們常說，不該為品味爭吵；如果一人喜歡玫瑰而另一人喜歡的是馬，的確不該爭吵；但若關乎一朵漂亮的玫瑰或一匹駿馬，那麼爭論是可能的，而達成共識也是可能的；然而這些例子仍顯抽象，儘管方向已經正確。因為，那樣的人們仍是族類中的奴隸，或是我們的奴隸或我們需求的奴隸。沒有人會辯護音樂比

4 弗里德里希・席勒（Friedrich Schiller, 1759-1805），德國詩人。

繪畫好，但會為了原畫和仿冒品進行有意義的爭論；因為原畫中蘊含的是自由天性的表現，憑自身的資質發展；贗品則藏著奴隸的傷痕，用外人的創意發展。我們這兩位詩人在各自的筆下應能感受到這些差異。令人讚嘆的是，他們之間常往來議論，深談完美與理想，卻從來不曾迷失各自的才華。兩人互給建議，而那無異於言明：「換作是我的話，我會這樣做」；但同時他們又都懂得表示那意見對對方其實不痛不癢。而接收建議的那位，斷然將意見退回，堅決地透過自己的路徑去追尋，以此回應。

我猜，幸福讓詩人和各類藝術家警覺到自己之所能與所不能；因為，幸福，如亞里斯多德所言，是強大力量的表現。但我認為，這條準則對所有人都適用。世界上唯有無聊煩惱的人最可畏。所謂凶惡的人都是因此而怨氣橫生，並非因為他們人壞所以容易生氣，而這種如影隨形的煩厭顯示出他們根本沒能自己做到盡善盡美，結果行動時所依據的皆是盲目且制式化的理由。除此之外，世界上也許只有狂怒的瘋子會同時流露出最深的不幸和最單純的惡意。儘管如此，在我們形容為凶惡的人們身上，跟在我們每個人身上一樣，我發現某種迷失與制式化的特質，同時亦出現奴隸的憤怒。相反地，懷著幸福感做的事都很美好。藝術作品即是清楚的見證。人們會斬釘截鐵地說自己幸福快樂。不過所有善行本身都美好，且讓人容光煥發。而無論在何處，對於漂亮的臉孔，人們從來沒有任何畏懼。因此我推測，完美與完美從不互相為難，不完美或缺陷則互相爭鬥。恐懼即是其中一個明顯的例子。這就是為什麼奴役束縛的方法是暴君的手段也是懦夫的手段，在我看來基本上永遠瘋狂，簡直是所有瘋狂行為之母。解開枷鎖，釋放捆綁，別害怕。放下武器之人才是自由之人。

77

人們總急著斷言某種天性

1921.5.10

人們總急著斷言某種天性是好還是壞，說教育根本改不了任何事。我同意教育不能把紅髮的變成棕髮，也無法阻止髮絲捲曲。而我也同意，這些狀況所顯示的不是小問題。這個人氣色金澄，黑髮濃密，雙眼濁黃，身形纖雅，肌肉軟弱，在此，他的一生等於已經註定；所有行動，所有情感，所有想法皆將染上那種陰沉的色彩。而同樣地，另一個人也將因為他所說的和所想的而呈現粉紅、紅或藍色。隨便一個姿勢都會表達出他們各自的天性。然而該愛惜的正是這一點啊！正是這一點：無論金髮或棕髮，血氣充沛或面色發黃，人正因這一點才像人，才強大且自由。否則，他可能變成什麼樣？沒有任何人因旁人的優點而存在或行動。我很樂意聽別人描述某種類型的人，由於他的脾氣和眼睛的顏色，不受瘋狂的喜愛或欲望，或失望的影響。無論人的軀體屬於哪種類型，都可能擁有各種情感，可能犯下各種錯誤，而且如果疏忽，時機和前例剛好都湊在一起，情感和錯誤還將產生加乘效果。的確永遠是這樣，根據那無可模仿的、獨一無二的人生模式，每個人背負著他的命運。地球上有多少人，就有多少凶惡和悲慘的模式。但每一個人也各有其救贖之福，而且專屬於他，一如他的膚色、髮色。他變得勇敢、慈悲、睿智，藉助的是他自己的雙手和雙眼，而非你的手和眼。他的完美並非來自你，而是他對自己的完美要求。你的美德對他派不上用場，反倒是那些可能成為他的缺陷和熱情的部分，會被他拿來造就成長處。人們不是常這麼說嗎？錯誤使用的耀眼優點正是一個人失敗的原因。這話並非沒有道理。

史賓諾沙是一位麻煩的導師，說馬匹之完美對人一點用也沒有；請把這句話理解為：沒有人能靠旁人的完美來拯救自己，反而應該從自身的過錯中學到真相，並善用他的怒氣、激憤，還有他的野心及慷慨。打人的那隻手也能援助；懷恨的那顆心也能去愛。常聽人對叛逆的孩子說：「學學妳姊姊，看她那麼乖。」那麼他也大可以建議那個本身是棕髮，身材纖瘦的孩子效法她的姊姊，變成一頭金髮，圓潤豐滿。我甚至要說，美醜因人而異，是一個人身上所形成的和諧之結果，只適用於他。因為根本不存在所謂美麗的配方。我經常發現，一般審美觀念認為美麗的長相，很容易因恐懼、忌妒或惡意扭曲變醜；甚至可以說，在本可輕鬆稱得上帥美的面容上，醜態更加明顯。同樣地，正經認真的人和可說是天才的人，一旦頑固，持有偏見，亦更令人驚愕。話說，若甘於討好甚或諂媚奉承，所謂的天才又算什麼？而一個天分不佳的人，如果能懂得最細微的小事，又該怎麼說？只要他願意做出去了解這個舉動，他就是對的。不是為了明天，但為了明天過正確的今天，這種精神到哪兒去了？每個人都容易犯錯，自以為懂很多的人也許更容易錯。因此，腦筋動得慢且被幻想異夢蒙蔽的人，通常走得很遠。但天才也好，蠢材也好，無論他們去哪裡，靠的都是自己的雙腿，而非旁人的腿。

78

史賓諾沙說：「我們在交談的時候……」

史賓諾沙說：「我們在交談的時候，要避免描述人的缺陷及其奴性，否則就是要表達得非常簡單扼要。關於長處，即關於能力，則盡可能激昂，這並非出於恐懼和反感，而是源於喜悅。」這段美好的文字可用來傳道。貶低他人很容易，讚美則神聖高貴。憤世嫉俗是一種病，而批判本身也帶有憤世嫉俗的色彩；但我將詆毀之心視為一種巨大錯誤，未被這項批判擊潰。起初我不理解莫里哀[5]的巧妙安排，尤其不解那個不懂得愛人的憤世者。賽莉梅納[6]堅持做自己，並依此過生活。她克服困難，為了達到希冀的地位而奮鬥，她的努力比人們所想的更有價值，只是她沒說出口，因為她不知道該怎麼說；不過，她期待人們猜得到。阿爾塞斯特不是能夠肯

1931.2.21

5 編注：莫里哀（Molière, 1622–1673），法國劇作家，以喜劇聞名。

6 賽莉梅納（Célimène），莫里哀名劇《憤世者》的女主角，厭惡社會虛偽的男主角阿爾塞斯特（Alceste）所愛上的年輕寡婦，她美麗、聰明、虛榮又虛偽。

定她本色的人，他只看見她所缺乏的。愛是支持，應是讓所愛之人盡情發揮最好的部分。這種英雄式的情感應表現為喜悅。阿爾塞斯特一開始就錯了。

一天，一名急躁的阿爾塞斯特來找我，一開口便對我說：「這個世界到處都是無恥之徒！」我回他：「對，不過也都是些正直的傢伙！」他同意了。其實他們是同一種人。對於霍布斯[7]眾所周知的公理——「對人來說，人就是一匹狼」——史賓諾沙回應：「對人來說，人是一位神。」但的確，這位神明被厚重的烏雲遮蔽。「多麼困難！要滿意某個人是多麼地困難！」拉布魯耶[8]如是說。如果你想為自己來點有益的相關練習，我建議你讀兩本書，內容可說是極其枯燥無趣，但其豐富的內容值得讓這兩本書博得好名聲。一是《新哀綠綺思》[9]，另一是《威廉．麥斯特》[10]。若你誓言要喜歡這兩部作品，你將輕易找到許多喜歡它們的理由，否則便無濟於事。要先付出足夠的意願，收穫之前必須先付出，只要付出一次，便能在你閱讀所有書的時候幫助你。而如果你能像閱讀一樣，閱讀每個人，那你值得特地前往維特爾（Vittel）或卡羅維瓦利（Carlsbad）等溫泉鄉度療養假，因為我們的各種病裡多藏有心機。

這件事，每個人都感覺得到，也體驗得到。但這個觀念的根源在哪裡？就在於每個人正向的一面都是善美的，而他的缺點並非一律出自他的本意。這是史賓諾沙從上帝那兒獲得的觀念；但是，即使不繞這一大圈，我們仍可以明白：人不為他所欠缺的事物生活，他生命中的寶藏、那珍貴且獨特的成就，該由自己去找出來。如果他生氣了，那不是他的緣故，而是這個世界攻擊他，是像人們說的，有隻蒼蠅叮他。而由於這個世界不缺蒼蠅，那活生生的雕像也不乏皺眉苦臉。但那張苦臉也不是他的本意；換個方式說：他所做的只是等死。同樣是史賓諾沙，他也曾寫道：「人只會被他陌生的因素摧毀。」只是，由於所有人都在掙扎冒險，該由我們自己透過這些表面去釐清並看清那張真正的臉，或說靈魂，如史賓諾沙定義的身體觀念。我

7 霍布斯（Thomas Hobbes, 1588-1679），英國政治哲學家。他於一六五一年所出版的《利維坦》一書，為往後的西方政治哲學發展奠定根基。

8 拉布魯耶（Jean de La Bruyère, 1645-1696），法國哲學家、作家。知名著作《品格論》（*Les Caractères ou les Mœurs de ce siècle*）描寫十七世紀法國宮廷人士，深刻洞察人生。

9 《新哀綠綺思》（*Julie, ou la nouvelle Hlaoïse*）是盧梭的書信體小說，於一七六一年出版。小說標題隱射中世紀禁書哀綠綺思以及阿伯拉關於基督徒的激情與克制的故事。

10 全名為《威廉．麥斯特的學習年代》（*Wilhelm Meisters Lehrjahre*），歌德於一七九六年出版的著作，屬於成長小說。

稍微隨著這條陡峭的道路走了一段，卻不無報償，可供那些因為過度思考而與人群、甚至自己過不去的人參考。重要的是越過它；而我只會說，猶如是在對田徑選手說似的：「沒有人能幫你跨過去。」

不過，最近我觀察到，一旦獲得認可，人們其實很懂得即時讚美。他們直接撲上去，彷彿被一陣風吸捲過去。他們拼湊出一個偉大的人，高高舉起他。只要他活著的一天，都很辛苦，尤其如果近距離看他，便可看見他種種不滿的莫名苦臉。但是等他死了之後，傳奇自然形成，人們根本不在乎史實如何。實情何在？我願意認同在追尋的路上必須自己幫自己。畢竟有些事物的實情貶低了人，但是事物的實情並非人的實情；而人的實情，才應該被高高舉起。

79

我刻意不思考種族問題

1927.10.23

我刻意不思考種族問題。這類思考中有些不公且辱人的成分，例如決定一個人聰明與否、虛榮與否、勇敢與否。這個問題引人深思，但人們應該學會抗拒才對。不是因為我拒絕去看差異，相反地，我認為我看見了，不過是從更接近我的人們身上看見，也就是我的同類、我的朋友們；我因而欣賞差異，絲毫不視之為優點或缺點。一個身長六呎的男人伸長手臂，取得書架上最高一層的書；這是一個矮小的男人做不到的，但他可以搬梯子來。矮小的男人有其他優點，對一匹馬或一艘小舟來說，他的負荷沒有那麼重且相對輕。當發明的才能逐漸勝過身體的力量，一切扯平，無須消弭差異。聰明的道路不止一條。有人近視，但他因而更仔細觀察。一個肥胖的人做決定比較不急躁，但他也流露出較多奸巧。有些人組織安排的手法優越，結果卻很粗糙；另外有些人天生是詩人或音樂家，但正如人們所形容的，有這般天賦反而不怎麼聰明。不過，這些說法都太簡略。在飄忽的才情與隱喻的才情之間，一切難以斷定。一種個性活躍，因而出錯，另一種抑制情感卻也因而出錯；不過任何狀況皆能補救。沒有任何缺點不能變為優點；認為所有事情都很簡單的人，通常沒有一件事做得好。對天性自傲並過度信賴的人離愚蠢不遠。君不見，許多才智優秀的性靈在艱難時期反而離奇地茫然迷惘？根據未來可塑性、跡象和天分來斷定一個人有多少能耐，那是一種自命不凡的樂趣，我敬而遠之。

有一種精神企圖無懈可擊地符合公平公正這美麗的字眼，傾向思考亞里斯多德這句驚人的話語：「我知道，一個人的長處僅屬於他，且不可能從他身上奪走。」史賓諾沙則以另一種方式表達：人根本不需要完美的馬。根據這種想法，我發現沒有人需要他人的完美性，也根本用不著。反之，人人必須轉化自己身上所發現的障礙，盡可能追求屬於自身的完美。腿長的擊劍選手伸展肢體，腿短的則靈活跳躍。誰的擊中率較高？依我說：這不僅是腿和胳臂的問題，也是苦練、勇氣和自信的問題。而在智商、判斷、發明方面，有多麼的千變萬化？讓兩個男人分別盡情發展自己的能力，如以前的柏拉圖和亞里斯多德；於是，各自力求完美這件事促使兩人有了差異。若你有足夠的膽量，請說出他們兩位誰比較優秀？

還是別那麼大膽吧！畢竟我們尚未窮究所有教導和學習。無論是哪一種人，都必須用最至上的稱謂對待他，並且不厭其煩。對於自己的缺點，以及自己所累積起的、行事之際不可或缺的信用，如果對這些具備最基本的了解，就無法不再多盡一點力。而這正是教會稱為慈善的態度；要求所有人做到這種程度的美德很難，但是，黑眼珠和藍眼珠、金髮和棕髮、黑人和白人，以及最原始的，自己和他人，人們應該永遠無視這類差異。由此，寬大慷慨是當仁不讓的特質，但聰明機智也提供了協助；它未抹除差異，反而更仔細地觀察實際條件和結構，爭取差異存在的權利及合理性。其實，抽象模糊才經常凶惡且愚蠢。

80

孔德對於三種人類種族的看法

1921.9.19

孔德對於三種人類種族的看法值得深思。每個人都能根據智商、行動力或易感性，在自己周遭區分出三種人，由此我們區分出積極的黃種人族群、聰明的白種人族群，以及感性又熱情的黑人族群。然而，這些差異應當被視為附屬價值。由於愛、恨、嫉妒、熱中、期望、後悔、喜悅和哀愁這些情感，在各種原因及所有人的發展作用下，都是一樣的，無論是黑人、白人或黃種人；由於行動的法則、風俗、習慣、生活技能、工作、毅力，無論在黃種人、黑人或白人身上都是一樣的；同樣地，聰明才智在每個人身上也是一樣的：幾何學是一樣的，天文學是一樣的；我們一眼就能辨別。對我來說，我可以毫不費力地在這多種膚色中認出我的同類弟兄。這正是一旦注意到個人身邊的各種差異就能確認的事。因為，想在成果以外尋找戰利品，這種可稱為黃種人專屬的專注能力，也可在不只一張白人臉上發現，而黑人忠實的美麗眼神亦然。聰明機智主宰每一種人，無論是構想行動或反思激情。不應斷言白人中常見的聰明類型比其他種族優越。這些問題，就像其他那些追究棕髮好還是金髮好，農民好還是都市人好，詩人好還是會計好的發問一樣，毫無意義。每個人都有屬於自己的完美境界，那必須由他自己去實現。暴君性質的靈魂追尋著他們自身的鏡子；對德國人和黑人一樣排斥；他們假造種族分類，以蔑視他人度日。我完全沒有這種病，我喜歡差異性與多樣性。

我觀察到，在年紀尚輕的黑人身上，只需很輕微的理由，即能引發一種驚人的暴力與深層的憤怒，但持續不久；信任、親善、感恩的心很快就伴隨童稚的笑容恢復。我在他們身上發現一種了解和牢記的天賦，但他們並非完全沒有精神力量，雖說在整個種族裡極為少見。我很清楚箇中原因：他們沒有那種不左右想法的客觀好奇心。但我覺得，我們這種偏好思考而非直接喜愛的為人模式，比起另一個種族，對於和諧文化的需求亦不少，卻總把仍帶有野蠻氣息的另一種族群視為怪物。如果黃種人教會我們行動，黑人教會我們忠誠，而我們教會全世界的人數學，哪種人會從這些互惠交易中得利？那將是所有種族全盤皆贏的局面。要講求人性，想必需要三個種族的合作。

曾用過黑奴的人們描述了許多美好的行為。黑人保母疼愛嬰孩，且視如己出；

命運悲慘的她仍忠心耿耿，無怨無尤，甚至可說滿懷幸福；這樣的例子屢見不鮮。如此慷慨的心靈注重一幅肖像，或其他某樣無價的紀念物，對金錢卻不屑一顧，亦是十分普遍的情況，而在我們的國度，這幾乎是不可思議的事。在我們這裡，謹慎為上，永遠壓抑心意，無論搬演的是什麼喜劇。根據這些非常過度簡化的公式，我們卻差不多已經決定好兩者之間誰是主人誰是奴隸。如果我們也仔細思量憤怒有多麼近似愛，注意到忠誠在報復行為中的角色，也許便能了解：世界上第一個警察單位無論如何皆屬於冷血的白種人。就某方面來看，心智是最基本的價值，所有價值都拱它為王，因為它鐵面無私，透過它，所有的價值才能獲得認可。

81 滴水嘴怪獸的長相

1923.5.16

滴水嘴怪獸[11]的長相像人，藉此嚇人。希臘神明長得像人，藉此安慰我們所有人。這是兩種本質上的模仿，兩者都是真的。怪物用牠的方式表達人體是動物，神明則代表一副會思考的軀體。一種鼓勵我們挑戰自我，而人的確應該自我挑戰；另一種鼓勵我們信賴他人，而人的確應該彼此信賴。這是兩種模式，一種是不受控管的表達，另一種則是管理之下的表現。一邊說的是被遺棄的軀殼，另一邊則是透過音樂和運動鍛煉恢復的身體。一種是分離的靈魂，而對另一種來說，則是經過和解的靈魂。

動物腮幫子上的鼻子，正如黑格爾所言，是為了輔助嘴巴。這套系統雙管齊下，功用在於聞嗅、奪咬和摧毀，猶如扮演使節打先鋒，額頭和眼睛縮在後面。所以太

11 編注：巴黎聖母院建築上的雨漏設備，主要是為了排水而設計的雕飾，以各種不同的怪獸造型呈現，屬於歌德式建築風格。

平時代的的雕像師完美設計出他們的神，面部結構為鼻梁懸突並與嘴巴分開。關於嘴巴，黑格爾指出，有兩種動作透過嘴型表達，一種是語言咬字，那是意志型運動，另一種容我稱之為腸胃型運動。這需要內臟反射主導，或運動鍛練。在實際操作上，收縮而擺動的下巴、懸垂的嘴唇，立即呈現某種近似動物的輪廓。我因而推斷：一副結構性的下巴，根據開合的力量大小形成肌肉，表現出主控的精神，而嘴裡的無脊椎部分因而重新調整為強健的競技模式，具表達能力的嘴型也始終為力大無窮的下巴支撐著。如同願意傳授本領的、最深厚的友誼獲得力量加持。眼睛裡閃耀的光芒是禁錮在軀體中的靈魂之語，彷彿被挪移到這些強大的形體中，正如任何有禮貌的行為都能導正從一隻狗或一頭羚羊的眼睛所拋出的曖昧信號。因此，英雄的大理石雕像能將它無聲的教誨引導到很遠的地方。

我很樂見其成，弟子回應。但如果我生下來便有駱駝的鼻子和突出的下巴，那該怎麼辦？針對這個問題，我會這麼回答：一張構造正確的臉，乍看之下，總是出乎意料地較接近適當的比例；這來自於各種動作、表現以及不尋常表情比形狀本身更受注目，而誇張的漫畫將動作固定在特定形狀中，將這種精髓表現得淋漓盡致。但我也必須說，無法掌控長相的人，本身就輕鬆自成一幅誇飾畫，媲美在一張正常面具刻畫出欲望、諷刺或殘酷。所以希臘雕像應該被視為動作派宗師。從那個形體中已然顯現出另一個人、一個真人；但我也相信，符合人體模式的運動永遠能稍微改變這副形體，而這種改變足以截長補短。不過，我反而觀察到，有許多人被自己那張臉給蒙蔽了。

激情

Passions

82 智者、獅子、女蛇妖

1926.2.15

智者、獅子、女蛇妖，全被縫死在一副皮囊裡，這就是人，柏拉圖如是說。蛇妖從不停止吃喝；最偉大的智者一天也要坐上桌享用三餐，一旦別人不拿食物給他，他立刻會去覓食，將其他一切拋諸腦後，無異於陰溝裡的老鼠。於是，智者渴望大量收藏，唯恐匱乏。把所有貧瘠和欲望塞進肚子，那便是恐懼的部分。肚子上面一顆腦袋，造出一名屈辱的智者。他離身為一個人還有很遠的路要走。在這類寓言中，獅子代表憤怒，或古時人們說的，暴躁的性情。我把牠放在胸膛裡，我的胄甲之下、心臟跳動之處。那屬於好鬥的部分、既憤慨又勇敢，兩者兼具。有一句俗語令我想起心臟周圍活躍著激動的情緒：「羅德里戈，你有心嗎？」[1]這可不是在問羅德里戈是否為弱者、貪婪或膽怯怕事。

1 「Rodrigue, as-tu du coeur ?」，法國十七世紀劇作家高乃依（Corneille）的名劇《熙德》（*Le Cid*）中的台詞。

這發現牽連甚遠。人之所以可畏，倒並非出於欲望，而是源於憤怒。欲望願意妥協，欲望進行交易。但你無法跟一個感覺被冒犯的人協商和解。在我看來，激動的情緒主要是冒犯所引起。拒絕某種樂趣與否大可自己決定。惡習怪癖多的人多半不願干擾他人，甚至也許基本上出自怯懦。但誰曉得拒絕樂趣也可能得罪人？戀人可能失望；那只不過是一種飢餓感；只不過是肚子在嗚咽。但萬一情況荒謬可笑，悲劇便開始形成。自尊與憤怒同行。這種運作依恃的是頭腦而非肚子。一個人毫不亞於另一個人，這種想法通常因為來自勇氣，但也來自判斷。所以智者與獅子應一致同意絕不忍受輕視。事實上，人可以不在意許多事。只是在拒絕共享的同時，其實也帶有某種鄙視意味，而事情即由此崩壞。

在熱烈的愛情中，嬌俏的美女經常拒絕她得到的待遇，偶爾，她也需費一番工夫勾起他的欲望。對一個清心寡欲的男人，頒給他十字勳章或法蘭西院士頭銜，想辦法勾起他的欲望，然後立刻收起誘餌。這正是長官偶爾會使出的媚術，屬於賽莉梅納式的欲擒故縱。這等於是雙重侮辱，是輕視嘲笑。其中值得注意的，倒不是當初的承諾聽來多麼珍貴、愉快且美妙；或許比較類似於他惱羞成怒，因為他渴望她。於是獅子怒吼。

革命與戰爭是貧窮的女兒，這是頗為普遍的想法，但只有一半是真的。人們要提防的根本不是窮人，而是受辱和被冒犯的人。在需求的棍棒刺激下，至多養育出一頭膽小的牲畜，有著偷雞摸狗的念頭，而非復仇的思想。其想法裡淨是吃完這餐再找下一餐。腦袋和肚子。熱情要的是餘裕，以及滿腔血氣方剛。人們相信，飢餓會導致憤怒，但那是吃飽喝足之人的想法。事實上，極度的飢餓首先榨乾的皆是奢侈的運作，第一個枯竭的即是憤怒。依我看來，缺乏睡眠的狀況也差不多，這種需求或許比飢餓更冠冕堂皇。因此，憤怒當然不受欲望指使，與人們一廂情願的想法不同。

我為什麼要朝這個方向思考？這是因為柏拉圖針對憤怒這個主題有些驚人的言論。他說，憤怒永遠是腦袋的盟友，永遠與肚子作對。起初我很排斥這種觀念，而如今，我發現許多發怒的狀況皆有尊嚴受傷的問題；原來這種觀念假設具有某種不公平之處，或許錯怪或許有理，總之，一下子點燃了所有怒氣。人需要許多事物，唯有稍微妥協才能控制欲望；這尚不足以解釋激烈熱情的由來。因為這種條件人人共有，沒有侮辱任何人。工作絕不是屈辱。更甚者，能安然自在地什麼也不做，並像個嬰兒似地飯來張口，這樣的人，一千個人裡找不到一個。賺取溫飽並不辛苦，甚至讓人快樂。令人惱怒的是，想到那份高薪竟然不能像獵到一隻野兔那樣單純，僅憑工作上的表現獲得，還得仰賴某人的意願和評價。權益的觀念便藏在整個憤怒之中，柏拉圖所言並非無稽之談。

在此應了解的重點在於，憤怒仍屬一種秩序原則，我們可立即看出憤怒的內在有一種矛盾。錯誤的出現在於打算憑憤怒解決事情，並認為憤怒的理由是對的，對於它常用的手段掉以輕心。而這就是為什麼，無論擬定什麼樣的和平計畫，戰爭仍然重現：其形成主因就藏在以某種表面權益來支持的憤怒裡。

83

柏拉圖並非全然神祕

1930.1

柏拉圖並非全然神祕深奧。他提出的那種由頭、胸和肚子三部分所組成的人，常在我面前出現，例如那些幾乎沒有胸膛也沒有肌肉的強大頭腦，例如那些圓滾滾的大胃王，以及那些充其量是音箱，高聲宣誦自得其樂、聲如洪鐘的人。根據這種結構，我已經猜測到每個人的缺點。醫生則蔑視這些意象，認為過於簡單；但我目睹一群醫生迷失在人類的世界中，無法掌握，無法診斷，也無法打針，因為缺乏適當分類。畢竟他們想描述的人幾乎總是只有頭和肚子。他們注重掌控大局的理智，請理解為已證實的知識、確切的感受以及有智慧的準則。他們也注重欲望和需求，像荷馬史詩中那名乞丐所說的，順從那顆永遠吃不飽的肚子，而且從此處催生激情、恐懼、憤怒、欲望、愛、恨、報復之心，以及這類有一大部分皆屬病態的情緒。所以，所有的不理性都來自怯懦、貪婪、飢餓的肚子。柏拉圖駁斥這個想法，開玩笑似地說愛是富與窮所生下的結晶。這應能提醒我們，世界被傲慢的權勢及憤怒攪和得特別天翻地覆，需求這個動機對我們來說成效不彰，也不是衍生出我們所有意見的始祖。而如果說在馬克思主義的分析中有任何不完整之處，順道一提，我認為這學說精準且強大，但正如過去的人們常說的，對於暴躁和欲念的區分不夠清楚。

如果在應該謹慎掌控的事物上，能夠區別源自貧窮匱乏的需求和胃口，以及相反地，從財富累積而得的狂怒激動，那真是一道燦爛亮光。政策因而懷疑什麼都欠缺的那些人並不是最可畏的，而悲慘不幸者，應有那麼多理由大膽振作，卻毫無鼓起勇氣的力量。此外，這類以需求為主的野心很容易管控，一如故事裡常見的，對付緊追不捨的狼群索性把食物丟給牠們，遇見擋路的強盜就留下金幣；以這種方式將群族分類並加以統治便萬無一失。而我還經常發現，過度的不公平並不能終結不公平。

憤怒，發作在一個強健且活力充沛的人身上，情況就可怕得多；而這些在胸腔中鼓譟，在心臟周圍沸騰的衝動，也是最難管控的。首先，基於消耗的需求，人會為了一點小事便付諸行動，尤其是在牽動或衝動法則作用下，行動令人躍躍欲試，喚醒整副身體，鼓動肌肉，刺激心臟，如雪崩般加速。看看一場怒氣如何升高，為什麼膨脹；餵養它的正是它自己。如同一堆乾草，星星之火，足以燎盡；因為一如他人所言，燃燒是它的目的。這份能量被中止，隨時可用，且不安定。因此行動鞭策人，激怒他，以致他為吶喊而喊，為打而打。這即是征服這種熱情的起源；驅使人去追逐野兔，儘管那兔子對他來說沒有用，甚至就像他人家說的，送給他，他也不要。這類野心不是隨便丟根骨頭便能安撫；唯有倦累了才肯罷休。征服性的愛亦然，從不衡量付出與收穫，反而在遇到掙扎和障礙時燃燒得更旺盛。同樣地，節制行動、只求溫飽的獵人和狂野興奮、陶醉於消耗體力的獵人大不相同。戰爭亦然，是無聊煩厭和權勢的女兒，根本不是需求與欲望的結晶。

84

當人們跟我說，利益是挑起戰爭主要的原因

1921.5.26

當人們跟我說，利益是挑起戰爭的主要原因，或者用比較有野心的口氣詮釋，是經濟的力量促使各族群互相對立，我很快便認出一種普遍流傳的觀念；那就像一枚歷經交易換手的舊硬幣，因為舊，人們才願意接受。不過，我一開始檢視這樣的觀念，就能評斷這觀念立論薄弱、不切實際。我看著從世界各國和各時代蒐集到的證明蜂擁而至，毫無用處，我甚至無心回應，已然為這龐大的主題壓垮。如何證明不是幾乎過度的工業發展促使德國發動戰爭？那麼多人的說法和想法皆與我的意見相左；最糟的是，世上的人們都那麼相信，甚至認為那是事實的一部分。如果所有的或幾乎所有的人皆相信，經濟擴張只可能透過打勝仗來實現，那事情會變成好像他們所相信的就是真的。人云亦云是罪魁禍首。然而，我仍堅持發動戰爭這件事絲毫沒有經濟因素。堅定的信念可以導致另一種詮釋事情的方式，不過我必須好好說明才行。

因此，我仿效柏拉圖，構思出一個人，他的構造跟我們一樣：頭、胸部和肚子，而在這個組合品中，我尋找的是自然地維持和平，或作戰，或進行貿易。關於頭腦這個領導的局部，今天我什麼也不多做介紹，頂多就是我覺得它並不支持戰爭，但會隨波逐流。聽大家的說法，沒有人想要戰爭；而我相信這是每個人的真心話。所以我尋找某種比頭腦更強大的部分，能隨心所欲地左右它。肚子要求很高，其主要訴求是進食，延遲一刻也不能忍受。賺取和消費在所難免，如果可以的話，最好透過工作和交易的方式；要是沒有別的辦法，就要透過暴力殺人搶劫。所以就是要開戰了？一點也不。這種偷盜掠奪一點也不是戰爭。在這個我想評量的個體身上，這場受飢餓、貪婪、覬覦、恐懼貧乏刺激而發動的無情獵食，我無法稱之為戰爭。一個盜匪完全稱不上戰士。他傷害他人是為了自保。如果在需求造反這種有可能發生的時刻裡，我評估中的這個人只有肚子願意行動，腦袋只跟從和提意見，那他可完全不是個戰士。所謂戰士要下定決心，寧死不退。飢腸轆轆的動物很願意冒險，但當然抵不過比牠強大的力量。戰爭的起因完全不在於此。人們常說，戰爭的起因在於饑寒起盜心之類的獸性，但我一點也不相信。

我找到一個更好的戰士，那就是胸膛。憤怒不是貧窮的產物，而是富貴之女，它正盤踞在此。當這個人精神抖擻、衣食無虞，憤怒起來更令人生畏。無可發洩的力量從此處喧囂了起來，自動增強，開始之後又愈發懊惱。因為，一旦形成威脅，那就有理由動手；一旦動手，就有理由打得更用力；更直接的形容是，事關輸贏。野心、抱負、激動、狂怒。倒不是缺乏某種東西的信號，而是某種東西過剩，需要宣洩的徵兆。戰士既不瘦也不餓，而是吃飽喝足、血氣方剛、養精蓄銳，陶醉於自身的強大。挑釁、輕視、不耐煩、侮辱、蓄勢待發、示意表態、拳頭緊握，表現出這些態度不是為了方便拿取，而是為能隨時出拳。意在求勝，而非獲利。特別氣血上湧，彷彿鞭策馬匹的騎士，但戰士鞭策的是他自己。揮打、破壞。傷害他人和自己，不抱希望，沒有貪念亦無算計。至死方休。於是我設定的那個無腦之人出手攻擊，並非因為他缺乏什麼，而是因為他擁有太多。貪婪的人互鬥，一滴血也不會流。

85

柏拉圖的解讀能力總令我驚訝

1922.4.4

柏拉圖的解讀能力總令我驚訝；他穿透人體，直到看穿我們最祕密的想法。他大概屬於那種極少數的人，氣血充足，永遠吃不飽的肚子上方是易怒的胸膛，最上面長著一顆強大的腦袋，能應付樂趣、野心和智識合一的三重經驗。於是，世間的凡夫俗子都如一只只皮囊被他翻轉，倒出的內容全攤在那片黃昏的草原上，在那裡，遊子的靈魂尋覓著命運。他親口說了，全都說了：一個我稱之為胸腔型的人，或如他所說的，勛閥階級者身穿野心和驕傲的盔甲，卻因為沒有腦，完全無法判斷自己這種無腦的品德。而財閥階級之人更加無能，害怕宣洩之恐懼凌駕智慧之上。這兩類人在我們之中漫步；惱怒的胸膛產生意見，未雨綢繆又容易擔憂的肚子也一樣。心的思考，胃的思考，在它們的立場和程度上，大致是實際的，但對誰而言實際？這即是柏拉圖這位肩膀寬闊的人，從發生在他個人理想國的騷亂中所觀察到的蟻群。但可曾有誰注意到？柏拉圖的理想國主要討論的是每個人內在的管控？

這種政治即興發想，彷彿是為了致使囫圇吞棗的讀者迷失方向。因為柏拉圖總是小心提防，寧願不被所有人了解，也不要被誤解。關於民主政治的狀態，他所寫的是一篇尖銳的抨擊文，而暴君政治的那一段則是一頁美麗的理論歷史，取材自實際的歷史，且通常已經過查證。然而，苦澀的真相出現在這幅民主治理下之個體的畫面中，其道理在於所有欲望享有同等的權利，於是促成一種美德，甚至一種思想，而兩者可能天差地遠。在民主城邦的意象上，連驢子和小狗也訴求著某件事物，當然牠們根本不知道自己到底要什麼。所以，這些靈魂輕率不拘，任何音樂和畫作、任何學說、任何工作和樂趣，他們都能拿來開玩笑。這種無政府心態並無惡意，這個人是個好孩子。

這種不羈的心靈在暴君獨裁中擲下的政變是一場感人的悲劇。畢竟，由於受人敬重的準則或特權，甚至城堡，皆已蕩然無存；博愛精神聚集各種欲望，引導分散的力量，這一年中最好與最壞的一律接受，在吶喊和煙嚣中奪下政權，將勇氣和理智當成卑下的奴隸捆綁，令它們聽從其旨意，要它們蓋上榮耀與智慧的標章。這項反客為主的命令糟糕透頂。若這段淺淺的摘要能提醒你，人有一幅真正該有的畫面，以及一位從不說謊的畫家，那便已足夠。

在這些儘管太少被閱讀，只是眾所皆知的篇章裡，女人遭到遺忘。柏拉圖這個旅人的靈魂絲毫沒有任何女性的記憶。這顆強大的頭腦對浮誇誘人和粉飾太平的想法不屑一顧。這份謹慎是最有力的思想家的共通點，使得我們對女性特質的認識完全不比獵戶座大星雲多，我們需要一位女性柏拉圖，讓她來好好描述另一種與肚子的關係較緊密的胸部，另一種榮耀、另一種廉恥心和另一種數學。因為她的精神必然也被封鎖在另外這副皮囊內，但那裡面發生什麼樣的騷動，可能建立起哪種和平，我們知道得並不夠。

更遑論，女人擁有一種強大的命令和指揮根本性，基於生育的機能，理所當然地，改變所有其他功用，將性靈降生世界。透過急迫的生產天職所得來的安定，想必將能在目前為止屈服於強權的人性風暴中，產生新意。

86 柏拉圖醫生

1922.2.4

體操和音樂是柏拉圖醫生的兩大治療方式。體操意謂著肌肉為自身而作的適度鍛練，為了伸展拉筋，並根據形狀在內部施加按摩。痠痛的肌肉就像布滿灰塵的海綿，而鍛練肌肉就像清洗海綿，先用液體膨脹，再擠壓好幾次。生理學家常說心臟是一塊空心的肌肉，但既然包在肌肉中的脈絡血管密集，透過收縮和舒張的作用互相擠壓與擴張，或許也可說，每塊肌肉都是一種海綿般的心臟，運動是它珍貴的資源，可以由意志來調節。因此我們看見那些做體操時完全控制不了肌肉的人，還有被形容為害羞的人，他們會覺得自己的血氣失調，往軟弱的部分竄，於是一下子沒由來地臉紅，一下子腦子裡血壓過高，臨時極度興奮；或一下子五臟六腑彷彿洪水氾濫，很多人都有這種不舒服的經驗。而要治療這些，規律的肌肉操練保證是最好的藥方。這時候音樂派上用場，化為舞蹈老師，透過吱吱呀呀的提琴聲，將血液循環調節到最佳狀態。於是，如大家都知道的，舞蹈可治療害羞症，但也能用另一種方法鬆弛心臟，適度延展肌肉，避免振動搖晃。

最近，有個飽受頭痛之苦的人告訴我：靠著三餐進食時的咀嚼動作，頭痛很快就好了。我對他說：「所以應該像美國人那樣，常嚼口香糖。」我不知道他是否真的嘗試這麼做。疼痛可以立刻把人逼進一些空幻的構想裡：在感到疼痛的位置上，我們想像有一種病，一種奇幻的存在，鑽進皮膚之下，使人想用巫術驅趕。在我們看來，一項規律的肌肉運動就能消滅疼痛這頭折磨人的怪獸，這顯得難以置信；但是，通常折磨人的怪獸，或任何類似的東西根本不存在，那都只是拙劣的比喻罷了。試著長時間用單腳站立，你會發現，想造成劇烈的疼痛並不需要巨大的改變，要使它消失也不需要巨大的改變。幾乎無論何種狀況，該做的是發明某種舞步。大家都曉得，能伸展肌肉和隨意打呵欠是一種幸福，然而人們一點也不知道可以透過體操來嘗試，藉此實踐這種自由自在的運動。失眠的人應該去模擬想睡的欲望及放鬆的幸福，但他們效法的卻是不耐煩、焦躁和憤怒。這是驕傲的根源，驕傲自負總被被過度懲罰。所以，在此借希波克拉底（Hippocrate）的帽子一戴，我試著去描述真正的適度觀念，那是衛生觀念的姊妹，體操與音樂之女。

87

柏拉圖開玩笑地說，愛情……

1922.11.4

柏拉圖開玩笑地說，愛情是富與貧的結晶，而他這是說了一件大事。每個人都看到愛情的悲劇，驚訝最平庸的賽莉梅納竟能將一個高貴的男人耍得團團轉，逼出瘋狂的舉動。但最可惡的是財富；所謂財富，我指的是高貴、掌控自我的能力、英雄的雄心以及愛情。如果人只因貧乏受苦，只消一個賽莉梅納，病痛很快就會被治癒。但需求不是愛；欲望也不是愛。愛是一種野心，看不起平凡小康，想透過另一方的力量獲得肯定。這就是為什麼每個人都希望另一方高不可攀，且不斷壯大他的氣勢，幾乎不斷地給予過高的評價，不願見它低落。這造成人們永遠稍顯輕賤自己，並妒恨對手的外在優勢，那是高高在上的另一方最不該注意到的部分。最糟的情況莫過於在自己想吸引的人身上發現軟弱、奴性、依賴、盲目和愚蠢。因為我們願意他弱，但只對我們自己示弱，而且是不受限制的弱。騎士與貴婦間的愛情遊戲正是如此，介於牧羊女與趕牛郎之間。有幾次，繫著綠色緞帶或法蘭絨腰帶的阿爾塞斯特睥睨藐視一番之後便轉身走人。他更經常想用征服那些他那麼瞧不起的人事物這種簡單的方式來安撫自己。但他又錯了；一下子過度小看，一下子看得過重，一再受辱。於是他回過頭來，回到黑暗面，像個有病的人，咀嚼奴性，品嘗奴性。因此女人愈配不上，悲劇的結局愈好。我描述了男性的熱情，而女性的熱情看來可以同樣的理由解釋。這就是為什麼，當看到一個可鄙的女人被愛到發狂，也完全不需要驚訝；那絕不是例外，而是規則。

在種種憤怒中，阿基里斯之怒赫赫有名，三千年來廣為流傳。他發怒並非因為失去了被他俘虜的美麗奴隸，對方再送給他另外二十個，也無法軟化他。因為他最高傲的心靈受到冒犯、蔑視，他將自己變成了奴隸。也許正是他自己的怒氣侮辱他最深。值得注意的是：他一開始的所有咒罵都回報到他身上，因為輕視自己所依賴的人毫無好處，那等於輕視自己。沒有任何事物能抹除恥辱，殺人抹除不了任何事。他自己也很明白。假設現在是美麗的布魯塞依斯[2]（Briséis）本人自由了，還變成了

2《伊里亞德》中，特洛伊小城的王后，引發阿基里斯之怒的女俘。

王后，自己離開他身邊，去當另一個人的奴隸，侮辱了他加冕給她的后冠；他一樣會勃然大怒。所以，所有激情，在這微妙的一幕中同時出現：嚴厲無情的阿基里斯在帳篷中；從微微敞開的帳篷裡，有人看見他正在彈齊特琴唱歌，藉此馴服自己，一個時辰又一個時辰地，戰勝那旺盛不倦的怒氣。這段期間，摯友[3]坐在他對面，凝思他捆綁自己之不可動搖的必要和意志。這樣自由的形式、這首歌謠、這次休戰、這騙人的假和平。那麼多鮮血從這些彈奏音樂的指間流出，大批俘虜被屠殺，赫克特（Hector）被戰車拖行，普里阿摩斯[4]（Priam）苦苦哀求，所有後果皆來自一場在沉默中反覆醞釀出的冒犯衝突。盲目的復仇。而這一幕遠遠超出我們的智慧，因為如今的政治機制再度挑動民眾激情並操弄控制，以達到自己的目的。

3 帕特克羅斯（Patrocle）。
4 赫克特的父親。

88

我在笛卡兒的思想中找到這個觀念

1924.1.21

我在笛卡兒的思想中找到這個觀念：愛情對健康有益，恨則對健康有害。這個觀念眾所皆知，卻不夠熟悉。更坦白地說，人們根本不信這一套。若不是笛卡兒幾乎和荷馬或《聖經》一樣不可褻玩，人們恐怕會狠狠嘲笑。然而，如果人們願意轉念，用愛去實踐他們用恨而實踐的一切，在這些混雜了人、行動和成就的事物中，永遠選擇善與美的來愛，難道不也是一點小小的進步嗎？而這正是打擊醜惡最有力的方法。總之，為好音樂鼓掌好於對壞音樂喝倒采，更正確且更有效。為什麼？因為從生理的角度來看，愛是強大的，恨是弱小的；但情感激動的人對於別人所書寫的激情本來就一個字也不肯信。

所以應該從原因去了解；而這些原因我也在笛卡兒的著作中找到。他說，我們最初的愛、最早的愛，若非來自那富含營養的血、那純淨的空氣、和煦的溫暖，總之，讓新生兒成長的一切，那會是什麼？我們是在生命最初的幾年學會這愛的語言；首先，自身的愛，愛自己；並透過這個行為、這樣的曲折、這迎來可口奶水、生殖器官的美妙調和，而表達愛。完全與第一次對好喝的湯點頭贊同的心態一樣。反之，觀察孩子對太燙的湯說不時，他頭部和身體的動作。同樣是這個心態，胃、心臟、整個身體齊聲對任何可能有損健康的食物說不，直到嘔吐；用這最有力、最古老的方式，表達輕視、責怪和反感。這就是為什麼，以荷馬式的簡單扼要表達方式，笛卡兒說，任何人懷抱恨意就等於違反了良好的消化。

這個令人讚嘆的觀念可以被擴大、吹噓，且人們樂此不疲，完全看不到極限。第一首愛的禮讚即是對母奶的禮讚。每個嬰孩的身體盡皆歡唱著，盡其所能地迎接、擁抱、汲取珍貴的滋養。而這股對吸吮的熱中，在生理上，是熱中在世上第一個範例，真正的範例。誰不知道第一個親吻就發生在襁褓中？他從未淡忘這最原始的敬愛，他再度親吻十字架。畢竟我們的表現應該要來自我們的身體。同時，詛咒的姿勢則是肺部拒絕汙濁毒氣，胃部排斥酸臭腐奶，所有組織器官一起捍衛身體的古老姿勢。噢，粗心的讀書人，如果用恨來調味，你還期待能從飲食中得到什麼好處？你在《靈魂的激情》[5]（*Traité des passions de l'âme*）中讀到了什麼？你的書店老闆根本不知道那是什麼，你的生理學家知道的也沒有比較多。懂得閱讀幾乎就是一切。

89

笛卡兒最早懂得說愛情有益健康

1927.4.25

笛卡兒最早懂得說愛情有益健康，反之，恨這種激烈的情感則是一種病。《靈魂的激情》讀來獲益良多，但必須有點程度的解剖學和生理學細節則稍顯困難。首先在此大致介紹引導笛卡兒研究探索的驚人新觀念。我們在長大成人以前是孩子，保有最初的愛與恨。然而，小小的嬰孩尚不懂人事，除了好吃的食物，還能愛什麼？除了難吃的食物，又能恨什麼？因此，與其透過姿勢和話語來呼喚他所愛的事物，與其用同樣的方式去推拒他所恨的東西，他從更基本的地方開始，可說是透過內在的姿勢，輕鬆並自信地在存活運動中迎接有益的精華，加速養分吸收及成長。相反地，面對有害物質，例如腐壞的食物或瘴癘之氣，他可說會自我封閉，甚至猛力作嘔攣縮，延遲生存速度，幾乎暫停。

5 笛卡兒生前最後的著作，集結整理他與波希米亞公主六年間書信往來的討論，講述身體、情緒、靈魂三者的關係。

漸漸地，他學會認識事物和生命，也會去愛或恨一些與存活機能沒有直接關聯的對象，但渴望與抗拒的習慣已然養成。生理運動仍如此與最初的愛與恨緊緊相連，由於慣性力量，仍與所有的愛恨相連，即使是政治、道德或宗教方面的對象。的確，對一個人類來說，愛的層面不同於覺得呼吸更自由、消化更好、感受更準，然而這一切是最初的開端。而恨，當關乎的是痛恨不公平或惡人惡事，其中最重要且深刻的，永遠是抑制存活欲望。請深思，這個觀念值得深思。所有表現，所有舉動，還有恨與怒之間的上千種關聯，讓我們感受如此強烈，更加重惱怒的程度；這一切在在證明它。這些悲哀的激情就是這樣牽連出來的，而我們卻將這種哀傷算在敵人身上。另外，無論對象為何，即使是對上帝之愛也一樣，在最細微的運動中，甚至只是在愛的氣息中，皆能立即感受到一種奔放解脫的生命力，總之有一份欣快、自在與感恩的心情。

由此出發，愛讓人甘願配合所有條件，恨則較難。但要如何做到？針對這一點，笛卡兒的準則是，通常在恨意驅使下所做出的行動，也可能是愛所造成的結果。這其實是婉轉地說最好以愛行善，而不要用恨行惡；但這個準則並不容易沿用到一些特例上。這裡有個簡單的例子。養育孩子時，與其只在意他表現出的弱點、淺薄、草率、總之各種缺點，仔細思考自己做了什麼好的示範，教養會比較成功。另一個例子，如果你是小提琴教師，只要注意準確或幾乎準確的音，忘了那些拉錯的音吧！請注意，這條規則其實是仁慈的法則。不過，要在範圍遼闊的仁慈中發現這一點，需要許多年。

有個較簡單的定律相對容易取得，且比想像中的有效，那就是養成多行善舉的心。首先，從手和臉開始，戒斷表達剛萌生之怒氣的舉動；比方說，握緊拳頭、咬牙、皺眉等。這只是禮貌而已；但對於一直伴隨著愛恨起伏的內心世界來說，禮貌很重要，影響很深。因為，在人體這個單位中，一個部分與另一個部分持續溝通，外在有改變，內在不可能沒有。於是，出現一門用善待他人來保養肝臟和腸胃的醫學。願人們評估可能是真心的善意，即使當成養生之道也好。這其實無異於人們對生氣的孩子說：「哇！他生氣的樣子好醜啊！」記住這項準則：心情由行為舉動來管控。所以，隨時力求禮貌才是明智之舉。

90

奴性傷人的原因僅在於強大的心智

1924.4.22

奴性傷人的原因僅在於強大的心智感到自由，自尊因而受損。這個想法絕不向任何事物屈服，除非是自己的決定。所有激情皆自這項掙扎中茁壯，終於由純粹的情感取勝。並非沒有迴避和狡滑心態，想法自然地契合某一類修道院建築；與柱頂挑簷、柱廊或斜頂一樣自然，因為宗教中也有人的形式。

帕斯卡，如此一位大哲，卻曾經完全無法抵抗，任由馬匹拉著跑，馬車懸空，差點掉進河裡，據說結果留下病態的恐懼，總看見身邊出現無底深淵。我們必須了解，這樣的經驗對一位習慣自律、直率迅速思考的哲人來說可能代表著什麼。那是一種恥辱、憤怒、因為自重所以自卑；更嚴重的是，那是一道難題，比圓錐或三角函數更難解一些。於是，他尋找所有身體作用在心智上的痕跡，將一切放大、加深，就連最淺最淡的也不放過。我們應當了解，讓人恐懼的不是死亡本身，反而是恐懼造成恐懼。這令人惱怒的奴性，處處可見。

他不能就此罷手。必須跨過障礙，得到百分之百的佐證支持，如此一來，就連恐懼與失望也受到認可。所有戀愛中的人都曾嘗試過這種自我解脫，透過誓約也大多做到了，而那等於選擇為奴。但在此，問題涵蓋得更廣，因為那是情感上的撞擊，而且滲入思想，揭發一種更私密、更根深柢固的奴性。必須願意為奴，也就是選擇奴性，知道喜歡這麼做。所有充滿激情的人都會自然而然地產生這樣的動機：「我可以付出更多。」因此，蒂雷納子爵衝向危險，因為他感受到恐懼。但要子爵當僧侶，想必他的想像力不夠豐富。於是，另一人，他尋找自己的方程式。這樣的不幸不可能不鑄成大錯。於是他去尋找錯誤，評斷同類。但如果理智被保留下來，那是因為救贖有希望。靈魂喪失了，因為他忘記自我。他在計算機、在雙輪車，在這類娛樂物品上忘了自我。看看證據吧！證據根本毫無證據可言；大哲如此相信。他相信這些沒有價值的東西只是為了好玩，我們該把他拉回來；他必須信才能獲得救贖。如果只是為了建造強梁；大哲有能力發明根本不存在的直角和曲線；那麼，倘若他無法提出能完全救贖他的假設，豈不太荒謬？因此，從內疚到後悔，那是整篇安慰的文章；帕斯卡因而創造了楊森主義。

而其實他的楊森主義來自教育，比方說他周遭的一切。其他人們創造捍衛自尊以避免憤怒；創造屈辱以避免輕視。喬布[6]的控告中生出了希望，而最沒有證據的希望能再透過誓盟之愛再度得以倖免。因此最自由的思想將因這些偉大的意象閃閃發光，基督教的神話如同高等幾何學的粉筆和黑板。這類哲人蔑視擋在思想權前面的那種事先策畫好的權利。說真的，如果相信觀念的表徵如同觀念本身，那等於是偶像崇拜。表徵是即是主體，對主體是好的。因此蘇格拉底要痛快飲下毒芹。偶像崇拜因而被超越也被保存。古代人是幾何學者，今人則比較像代數學者；但對雙方而言，拋物線還是拋物線。

6 喬布（Job Forant），十七世紀法國海軍軍官、新教徒。

91

一口氣訪遍《伊里亞德》的偉大風景之後

1929.7.20

一口氣訪遍《伊里亞德》的偉大風景之後，我突然了解開頭那段話：「繆思，妳要歌頌的是憤怒。」所有人都知道，阿基里斯的憤怒旺盛而勃發，若強大的力量回應隱密的內心運動的話，我們的敵人應該預想著駭人的畫面。試想那些漫漫長夜裡，他跳上軍床，彷彿魚跳上草地，等待溫柔的黎明女神奧羅拉（Aurore）降臨，以便再一次將赫克多（Hector）的屍體綁在馬車上，繞著帕特羅克斯[7]（Patroclus）的墳墓拖行三圈。阿基里斯之怒，對；但詩的本質在於讓文字根據出現的位置來發光。「繆思，妳要歌頌的是憤怒。」眾神之怒與凡人之怒；宇宙之怒；酒林肉池所造成的後果。這股世界的力量在每個英雄之間輪替，某一天是狄俄墨德斯（Diomède）憤怒，另一天是墨涅拉俄斯（Ménélas），再另一天則是小埃阿斯（Ajax）或薩爾珀冬（Sarpédon）

7 編注：根據《伊里亞德》，在太陽神阿波羅的協助下，赫克特殺了阿基里斯的好友（有一說為戀人）帕特羅克斯。阿基里斯在盛怒之下，不但殺死赫克特，還將他的屍體綁在馬車後拖行以示褻瀆。

或赫克多，彷彿被某位神明戳中。請注意，他們無一不清楚這是一場瘋狂的戰爭，最好能商議和談。在那個當下，他們祈求誓約守護神，即偉大的朱比特，但打破停戰協議的正是眾神；這表示憤怒的力量是天然的力量。

我不認為誰能把戰爭描述得更好；也清楚那些歌功頌德的史詩為何出差錯，因為它們在說謊。史詩想表達人是為了正當理由而掙扎。掙扎，請接受這個說法，但人能為了正當理由而掙扎嗎？整場戰爭都發生在一個完全不肯睡的人身上，他用自己的力量與自己奮戰，撕裂自己。如果他連對自己都不憐憫，又怎麼可能去同情別人？人們祈求利益、權利、公平，然而所有戰爭都在對參與作戰的每個人行摧毀、不公、攻擊、傷害和致死之事。這矛盾在我們和荷馬筆下的英雄們看來，無不令人驚訝，而我們說得更好：「舉頭三尺有神明。」我們最好看看這身肌肉以及在肌肉群之間傳遞的爆發力。這之中沒有任何神祕之處，卻是應該要知道的事，是最大的祕密。因此，沒有比為了和平反對戰爭而發怒更瘋狂的事了。如果他是個像馬基維利那樣把戰爭當成田野或葡萄園來對待的人物，他應該會不屑這種追求和平的憤怒，明白自己為何總能獲勝。但他完全沒有馬基維利的理念，這又算是一個我創造出來的神。這個老人試著出拳，骨瘦如柴的憤怒；他可以殺人也可以被殺，他欠缺的只是力氣。

因此我說，必須超脫再超脫，首先在自己心裡淡化思想這種驚人的效應，它讓人們討論文法時倍感壓力。蒙田最美的篇章透露，在戰火掠奪的當時，他從容地敞開門，並站在門前；而這些段落從未見引述。「我削弱了軍方的計謀，在他們的征討中除去偶然及所有軍隊榮耀的成分，他們長久以來以此為藉口：在公正已死的時代，英勇的行為必然是值得崇敬的行為。」而我也想引述那一篇的結尾，真正充滿智慧的一段話：「在那麼多備有武器的人家中，據我所知，以我的身分，全法國，只有我，純然信賴上天會保護我，從來不曾吝嗇供奉銀餐具、頭銜、壁毯。我不想為自己憂懼，也不要只被救贖一半。如果完滿的感恩能換來神的恩寵，那麼它會跟我持續到最後；否則，我仍然有足夠的時間讓我的一生受到注目並值得收藏。怎麼做？有三十年可做。」如果你問：這份也許堪稱獨特、不帶憤怒的勇氣何處可尋，我會告訴你：它藏在《隨筆集》[8]裡。不過請你自行去尋找章節和頁數，這樣可讓你避免去尋找敵人。

8《Essais de Montaigne》一般譯為《蒙田隨筆集》，而其實「essai」這個字的原意是「嘗試」，用於文章上，指的是一種特殊的文體，有「淺論」之意。

92
一旦想描述邪淫
1924.2.18

一旦想描述邪淫、墮落以及總之這類與肉體快感相關的衝動，總難掌握分寸。我一點也不相信尤維納利斯[9]曾經做到，也不相信左拉曾經做到；更遑論我們從來不缺那類衛道人士。我同意他們立意良善，以驚嚇、冒犯，甚至恐嚇來動搖我們無非是為求好的結果。在此，我擔心的是來自身體深處的悸動皆彼此相連也都模糊曖昧，以至於責備之怒與渴望之怒兩者間並沒有明顯的差異。我要做的不是責備，而是解釋，但那並不容易。

柏拉圖以率直、力量和謹慎，恰如其分地寫下了意見，如大家在《理想國》中所讀到的。讀到這部巨作的第八部，你就算認識了這位心靈醫生。這些思想完全不該被簡化，但我從這部作品中汲取到一種強而樸實的特質，能以間接的途徑傳授。有個人突然產生欲望，想看城墻上示眾的死刑犯屍體，他既無法克服、也無法驅逐這可憎的念頭。他憤怒地衝上前去，對自己的雙眼說：「去吧，我的眼睛，飽嘗這絕美的景觀吧！」這個例子將那棘手的主題直接拋向我們，清楚展現出這些基本情緒的曖昧不明，以及恐怖和欲望如何經常角力。但首先請了解，此處有一種猛烈的藥方：親身感受會比純粹想像有益；而根據這個觀念，我想進一步言明：實際去做比感受更有益。拉伯雷[10]說得好，有好幾種自然天性可安撫我們；透過實現完成，欲望總會降低到正常的程度。

我需要對比，以一種全新且困難的主題來比較。有一種關於戰爭的謎，內容充滿錯誤甚至扭曲的觀念，唯有那些想像戰爭的人才會有的觀念。所以，去吧！朋友們，盡情飽嘗；你們會得到準確且純正的觀念。在我今日想寫的文章裡，我要做的只有指出：想像是最要不得的事。

因此，夢想這些事物的人，以及為了做這些夢的人而描述那些事物者，會盡可

9 尤維納利斯（Juvénal），生活於西元一到二世紀的古羅馬詩人，作品常諷刺羅馬社會的腐化和人類的愚蠢。

10 編注：弗朗索瓦・拉伯雷（François Rabelais, 1493-1553），法國文藝復興時期代表作家，最重要的作品為《巨人傳》。

能地偏離事實，把沒有行動實踐就不該當成目標的對象視為思考對象，也許就此造了最大的孽。行動，無論在這裡或那裡，甚至任何時地，皆能為我們化繁為簡，給我們平靜。如同洗淨所有對殺人的飢渴，甚至所有憤怒，成為解甲歸田的戰士；欲望滿溢胸膛的人因而超脫了想像。於是，人們以為我鼓吹的是去縱情狂歡；但你們絕不會這麼做。一個放蕩者的生活一般只有酗酒與下流兩大部分。然而根據我的觀察，在完全無法脫離放蕩生活的人身上，徒留酗酒，未見下流的痕跡。同樣地，在所有不顧節制的人身上，保留了野心、熱烈的賭性、愛、所有藝術形態：繪畫、圖畫、雕像等；但下流僅是一時，不會留下些什麼；那是想像、異夢與胡思。這類邪淫唯透過書寫存在文字中。而讓邪淫存在的文字本身也完全是假的。請讀司湯達爾，他純正，當然不是因為虛偽，而是有正直的判斷力。

93

關於言語，孔德曾寫下卓見

1921.9.16

關於言語，孔德曾寫下卓見，且不厭其煩地讚嘆「心」這個字在意義上的高度模擬兩可。關於這一點，人們大可盡情深思，卻沒有人會想到去矯正言語。對此，民間智慧不給建議，而是直接下決定。世代相傳的經驗經過無數嘗試，並根據人類共同的天性所累積出的用語，遠遠勝過我們薄弱的貢獻。了解自身用語的人，他所知道的事遠比他想像得多。

「心」這個字既指愛情又指勇氣，並將兩者提升到胸腔的位置，資源與分配的位置，而非口欲和需求的位置。這項提示將勇氣，尤其是愛情說明得更清楚。因此這位對生理學有研究的思想家得以避免混淆激情和利益；每當用一般語言思考及寫作，他便保持警醒。就像這樣，透過文字的親屬性，筆尖下流露出不止一種偉大的真理；而詩人比雕塑家更常遇見幸運的機會。所以，何必費心先思考再表達，思考與表達可同步進行。思而不言，猶如想在開口唱歌之前先凝聽伴奏的音樂。

不過，讓我們這個美麗的字再度發聲吧！如哲學家所言，心有兩種。男性之心特別側重勇氣，女性之心多偏向愛。但兩種意義互相輝映。畢竟，倘若不懂去愛，何來真正的勇氣。所以，一個人的根並不會與戰爭同行，而表達騎士精神的方式是我們接收到的，並非自己創造出來的。另一方面，如果不懂大膽冒險，追求所想，完滿的愛也不存在。所以，忠誠與愛會同時浮現。而我們名之為仁慈的那種純粹的愛，則是自發性的，我甚至要說是勇敢的。堅持己見，期望對方值得被愛的，則是悲哀的愛。然而母親並不期望孩子值得被她愛。她勇於期待，而勇於期待某個人，就是愛。與這項珍貴慷慨毫無關聯的感受縈繞在橫膈膜下方，永遠不做任何宣誓。沒有人能忍受因為美貌被愛，或因為功勳被愛，或因為所提供的服務被愛；於是心中上演一齣又一齣戲，來自這如此名副其實的心。

只要上了軌道，便很容易領會這些發展。我比較想另外舉一些例子，並邀請讀者自行去找其他例子。「需要」這個字也有一種不易掌握的抽象意義，但常用意義卻立即提醒需求對我們有多麼重要。孔德興致勃勃地沉思這種雙重意義。人們說「公平的精神」；這麼說的同時，不可能不顯示看似離我們很遠的公正性，並又立刻顯示不公平這個使我們鑄下大錯的罪魁禍首。人們也說「正直的精神」，而「正直」

這個詞所藉助及保存的觀念，無法脫離幾何學上的「直」。「激烈地愛」，這立即令人聯想奴性與痛苦；在此，話語以宣告的方式說出。我想再引用以下幾個例子：好感、仁慈、崇拜與文化、天賦、優雅、高貴、精神、財富、驗證、惱怒、信仰與好意、情感、秩序。如孔德所做的一樣，我也堅持「人民」這個字的雙重意義，其中包含了一堂政治課。懂得這個字要說什麼的人有福了。普魯東[11]這個靈感豐富的人，竟想出這種方式來駁斥與他同時代的一位哲學家，批評他的文章寫得不好，而這個表現足以說明一切。文章寫得好，不就等於要根據文字的親屬性發展，而那其中包含著深奧的學問？亞里斯多德在他最艱難的研究作品中，常這麼說：「這響聲聽起來不對。」

11 普魯東（Pierre-Joseph Proudhon, 1809-1865），法國互惠共生論經濟學家，無政府主義的奠基者。

社 群

Société

94

我讀荷馬的時候，與詩人形成社群

1928.1

閱讀荷馬的時候，我與詩人結交，與尤利西斯和阿基里德結交，也和曾經讀過這些詩句，以及僅僅聽過這位詩人大名的群眾皆連成一氣。在他們所有人和我心中，我讓人類發聲，聽凡人的跫音。一般用語以人性之美名來稱呼這場凡人的探索，追尋和對人類特徵的凝望。既有詩歌、音樂、繪畫、紀念建築等這種種表徵在前，何需調停，早已和解。然而大家假裝相信全人類社會遠不算是成就；法國、英國、德國，這些才是成績。

那麼就請你站穩這個立場，鞏固它。若能遇到任何思想領袖，請你問他，崇拜或至少敬重，是否為人之常情。不。成就應該被拿來重視，甚至應該要投以極大的注意力。而且相反地，尊敬與崇拜會造成一些也許根本不存在，但其實應該要存在的觀念，例如尊崇，還有勇氣、正義、節制、智慧。而如果我們任由這些意見領袖來營造如同道德文章的可悲公安需求，那就表示我們太不注重我們自身的思想。

但其實有更好的說法。人性是存在的，是既成的事實。孔德以自然主義者的角度考量事物，終於窺見這項宏偉的存在；它過於宏偉，以至於我們看不見。他把這項驚人的發現朝我們迎面拋來，告訴大家人性是最真實，最蓬勃的存在。這些話語本可啟發巨大的迴響，但不知哪來的祕密警察，竟在牆壁上釘了消音軟墊？我們不缺社會學家，更不缺自稱孔德派的學者。在他們之中，我卻不認識有誰曾講述這個偉大的觀念；所有人都排斥它，一手揮開它。想復甦這個觀念的學生立刻就會發現，思想導師的臉上出現了不耐煩的徵兆，而且很快就轉為憤怒。請容我讚美這種高貴的族群，他絕不原諒自己曾做出背叛行徑。

在此簡短介紹這項學說。孔德先是注意到，今日現有的合作組織不足以定義社會；造就社會的是過去到現在之間的連結。不過那尚不是事件的連結，而是動物性的連結；人並非因為繼承了人類的基因所以就能與人社交，而是他擁有人的共同記憶。共同記憶意謂著重現逝者偉大之處，尤其是最偉大的逝者。這也意謂著盡量向這些淨化後的形象看齊，崇拜逝者生前所願作的那種人，要知道，他們在世時，也曾在幾個珍貴片刻達成。偉大的作品、詩歌、建築物、雕像，皆是這份崇拜的目標。對偉大逝者的頌揚未曾間斷。作家和演說家無不尋求這些巨大幽靈的庇蔭。每個字裡行間都提到他們，甚至只是不經意地，留下那些印成所有語言的人類天才痕跡。透過這份崇拜，人才所以為人。假設人忘卻了這些偉大的回憶、這些詩歌和華麗的言語；假設人將自己局限在自己的守備範圍裡，陣營的守備範圍裡，僅在意警報聲響和憤怒狂吼，在意身體被周遭環境壓抑出的產物，那麼他就是一頭動物，搜尋著肉醬，遇到阻礙就嗡嗡振響，宛如蒼蠅。

人思考人性，或什麼也不思考。孔德大致是這麼說的：「逝者日漸積累出的重量，不斷地將我們不穩定的存在調整得愈來愈好。」請好好聽他的話。我們的思想只不過是一段持續不斷的共同記憶。伊索、蘇格拉底、耶穌，就是我們全部的思想；其他哲人亦逐漸升入人類的天堂。任何一丁點思想上的吉光片羽皆被供上祭壇。詩句、警世寓言、意象、片段的意象、人所留下的鴻泥爪印，所有這一切奧祕皆是我們思想的目標。所謂國家思想根本不存在，我們的思考有更大的團體相伴。無論直接或間接，我們持續不斷地與傑出的幽魂對話，他們的作品，如盲詩人所說，比青銅像更持久耐抗。這個社會絲毫不需營造，它自然成形，累積智慧的寶藏。代代帝國興亡迭替。

95 孔德是少數了解紀念意義的人

1935.11.2

孔德是少數了解紀念意義的人，雖然毫無疑問，所有人都參與紀念。在這方面，第一個該記住的重點即動物完全沒有對逝者的崇拜；因此這位哲學家大膽做出結論：動物根本沒有社群。高築毫無用處只會擋路的紀念建物，這是專屬人類的特性。逝者爭奪生者的空間。如果憐憫心發揮該有的作用，不久之後一切都將屬於已逝的人，所有石板都被封為聖品；人的所有腳步都將停下，為了祈禱、為了屈膝跪拜。祈禱，那是對著墳墓冥思。但是，該說些什麼？該想些什麼？人保存已逝之人，同時又抗拒他們。光是陰魂不散這個想法就讓人起雞皮疙瘩。所以，難道應該一次又一次地殺掉死人嗎？

完全不是這樣，正好相反，應該要解救他們。因為，首先，他們的立場令我們不快。他們說出我們的弱點，一副令人動容的形象，我們幾乎想責備他們，一如幾乎想責備我們的祖先，他們什麼都需要，卻再也沒有一點用處。這些想法醜陋又大逆不道，只要無法擺脫，逝者的確會再回來，樣貌駭人。人人都感覺得到：必須廢除這些想法。那並非要遺忘逝者，反而是要重建他們真實的存在，我的意思是，重現他們最美好的時刻。這才是我說的為逝者祈禱，沒有人會想成其他的意思。

很顯然地，我們絕不會把死者的屍體丟給野狗和狼群，於是，轉向豎立一座紀念雕像；同樣地，我們也絕不會把記憶停留在受驚嚇的想像所呈現的狀態，那種想像與野狗差不多。反之，我們會以虔敬之心，蒐集零落的殘骸，洗淨、抹除生病甚至歲月的痕跡；因為我們對逝者的態度應是一想起他們，便會感到愉悅。於是，出現那樣一個時刻，逝者不再消逝；也就是說，他們在我們的記憶中占有一席之地，絕非由於他們軟弱，而是因為他們強大：因為他們的美好，他們的美德。有了那樣的時刻，逝者不可能再逝去。

依據其重要性，這美妙的靈魂操作或短或長。渺小的逝者偶爾還跟兒子和孫子說說話；偉大的逝者則不斷對所有人說。無論渺小或偉大，這自然形成一則傳說，絲毫不獨斷也不虛假，而且比歷史更真實。事實上，我們太清楚：他們經常被低估，最終為各種事物消除。不過為什麼要考慮這些呢？那根本不是屬於他們的存在。他們的存在充滿能量；這就是為什麼提及他們的時候，我們總說得像是他們克服事故後會成像的樣貌。關於這一點，對親族的孝心絕不騙人。孝心的表現就是直接塑像，而作品確實一定會呈現力與美；倘若不是力與美的結合，就是大逆不道。同樣地，偉大的人也只留下偉大的部分。他所犯的所有錯誤都被移除，而的確那也不是他的錯。這種玄學晦澀不明，但其中有愛。愛令人想要讚美，並一定找得到可讚美之處。這便是紀念的意義。

他的結論是：我們的典範比我們有價值，甚至他們死後也比生前有價值。法官死後，沒有任何事物能騙他，或者賄賂他；透過他，我們可靜靜地沉思公平正義。而透過亞歷山大大帝與凱撒，我們思量的是一種他們永遠不可能企及的神勇。如果將人類當成一長串知名逝者的列隊，我必須說，全人類這個族群比單獨一個人有價值；而這等於在說雕像比人美麗，詩歌也比人美麗。所以，唯有常懷念逝者，並透過他們來想像比自己更高的境界。因此，讚揚之舉能不斷提升我們。高乃依[1]提升了《波利耶克特》（*Polyeucte*），而我們則捧高了高乃依的地位。有人會說：這麼一來，我們就不會再去找殉道者了。當然會！當然會！假稱的宗教只不過是真正宗教的一面，那即是對死者的崇拜；而我們從高乃依和波利耶克特那裡保存了殉道者真正的內心運動，那就是蔑視強權、威脅和暴政。再一次，我們的典範是想像的產物，但如果我們不塑造這樣的典範，會連如何站著行走也忘記，再也不懂得該一腳踢翻偶像，那是每分每秒都要做到的事，是孔德透過逝者掌控生者這個說法所要表達的事。那是屬於秋天的想法，在那個季節裡，胡思亂想如此自然地朝美麗而又那麼快結束的的夏日倒退回去。到了冬天，腳步聲將清脆些，洗淨的大地上，未來指日可待。

1 皮耶·高乃依（Pierre corneille, 1606-1684），法國古典主義悲劇的奠基者，與莫里哀、拉辛並稱法國古典戲劇三傑。以西班牙民族英雄為藍本創作的《熙德》被認為是高乃依最成功的劇作。下文所提《波利耶克特》亦為其創作之一。

96 應該向傑出的龐加萊致敬

1912.6.20

應該向傑出的龐加萊[2]致敬，科學界剛失去了他。但該怎麼做才好？他條理清晰，而從近年來廣為閱讀的那些紅皮書的概述中可看出，他的思考經常顯露出深奧的意涵。但他個人的內在思想卻在另一個層面發展。如萊布尼茲所說的，那些了不起的「縮寫」將經驗中的事實轉譯成公式，然後僅藉著紙和尺，讓經驗裡所有的皺摺得以舒展開來。於是，在這些抽象的觀點和象徵的各種世界之中，進行著一場有秩序的幻夢，一種直覺，一種預感，一種真正的猜測，如同其他東西在物品的世界之中那樣。這是專屬天才的研究類型，只是在數學上比在其他所有領域都更必要。畢竟如果需要辛苦嘗試所有可能的組合，一切將永無止境。但是天才在經過長時間的學習後，一眼便察覺出蓬勃旺盛的發展性，如同園丁能辨認出會結果豐碩的枝幹，因而剪掉其他樹枝。因此我認識的一位也非常有天分的年輕數學家說：數學比人們所想的更近似詩。

今天早上，我重讀這位深奧的思想家的作品：為了輕鬆消遣一下，他描述了發明過程中的靈光和狂想。他的思想永遠是在深淵上搭起橋梁，存在著一種證明上的嚴謹，人們如今可以在基礎幾何學中，甚至高等幾何學的某些部分中欣賞到。但我們必須知道，這項將探索和修訂準備就緒的工作，容我這麼說，是在發明本身出現之後的一項自我批評的工作。在所有科學中，透過所有方法去推想，但尚未到能提出證明的階段，是一個美好的時刻。比方說，當牛頓想到月亮像一顆彈珠或一顆蘋果，也受地心引力牽制，但由於測量不夠精準，又過了許多年方能使理論成形，向他人公開。在最遠古的時代想必曾有一位夢想家，他假設：那個偶爾經過太陽的黑色圓體便是每晚固定照耀的月亮。可惜在我們所檢視的例子中，其不尋常且不可捉摸之處，在於這些突如其來的預料能在抽象組合的領域作用；在此，根據各自的定義，刻寫著X、Y、分數、根號，以及其他各種更沒有修飾、更樸實的符號。其中一個神奇的世界剛隨其創造者的逝去而宣告結束。

2 龐加萊（Jules Henri Poincaré, 1854-1912），法國數學家、理論科學家和科學哲學家，被公認為十九世紀後和二十世紀初的領袖數學家，對於數學及其應用具有全面性的知識。

97

崇拜逝者的習俗隨處可見

1922.1.15

崇拜逝者的習俗隨處可見，只要是有人的地方都有，而且各處的做法都一樣；也許這才是唯一的崇拜，而神學只不過是錦上添花或手段方法。特別是在此處，想像力布下陷阱，展現各種表象，創造某種本能的恐懼，其中加入太少真正的虔敬。這類迷信迴避去思考亡靈，因此反而與最自然的親和感矛盾。於是，所有崇拜的努力都為了撫慰這種幾近獸性的恐懼。而較天真的那些宗教總覺得，若亡靈回到外表皮囊中，意謂著在世的人獻給他的敬意不夠。哈姆雷特的父親回來顯靈了，因為他尚未復仇。另外有些幽魂則要求墳地下葬。這些習俗讓人領會到有一種算是被動的方式，用在想念逝者上一點也不理想。所以，想念並非全部，這份回憶還有一項相關的義務，目的在淨化逝者粗俗的外在觀感，以便得到一種真實且值得尊敬的呈現。

親和感最成功的目的即是裝飾和美化人們之所愛，不過仍要保持相似不扭曲。大家都很清楚：這類考量對存活在那副屍體中的對象來說並不見得有益。這就是為什麼，提及亡靈的缺點、卑劣或可笑是大逆不道之事；而意志也極力排除這類回憶，並總能成功。於是，比起造成激情與心情的低階需求，已逝者具有某種更自由的存在；這樣的想法普世通行。所以，純淨的精神或獨立的靈魂是自然的觀念，而這項淨化工作十分仰賴我們自身，以及我們是否注意用適當合宜的方式去想念逝者。神祕的煉獄傳說千真萬確；而在此，我們了解：祈禱的起源是一場來自於愛的冥思，只用來找回智慧、公正和善良，其他部分全部遺忘。

反之，根據孔德精妙的說法，逝者掌控生者，憑的完全不是他們生前的任性與缺陷，而是他們的美德，宛如淨化過的模範。我們知道英雄如何封神，但這項轉變並非英雄的特權，所有已逝者皆能以各自的功德成為神；而親情永遠能為他找出功德善行。因此，透過對逝者的祭拜，我們　好的想念方式總比我們自身更好。與亡靈的交談彷彿閱讀詩人，我們透過讚美這種最普遍的幸福感受，聰明地從中汲取最美的思念與最好的建議。於是，我們本身也永遠得到一些淨化；所以應該要領悟到：逝者也為生者祈福。

98 效法逝者是一件大事

1923.4.30

效法逝者是一件大事。我有一對好友，其中一人倖存，從他身上我發現了這個道理。一九一四年，兩人皆是少尉，在一次攻擊行動中一起倒下，其中一人活了下來。一位是頗為多愁善感的詩人性格，另一位則是遇到麻煩時容易武裝自己，且以此自傲的農夫。這些南轅北轍的差異促使兩人結下情誼。然而，倖存的那一位懷抱著對另一人的思念，最後給了他第二段生命：急躁的個性變得經常默默沉思；簡樸、隨和與喜悅，透過如詩般的友誼，由逝者身上傳到了生者身上。我從未見過比此更堅貞、更美麗的悼念。

當人們根據孔德的主張說逝者掌管生者，生者必須了解他們要表達的是什麼，指的其實只是父親和祖先用他們的形式將熱情傳給孩子。人和動物都有這種束縛，並沒有人們所以為的那般沉重，畢竟繼承所得的形態適用於好幾種行動。不過，從那些繼承中得不到任何進步，反而是透過各式各樣的機會，得到一種穩定平衡，和靜定的直覺。人有一項特質，那就是透過回憶來崇拜。先人被這種友善的思念美化，盡可能地重現，忽視脾氣、弱點和奴性。因此，千真萬確地，逝者超脫了他們的肉體，開始一場新生活。他們的錯誤彷彿歷經煉獄洗禮，脫離了自身，而他們的理念也透過冥思受到肯定，亦即透過祈禱，以及虔誠的紀念儀式。如今他們所擁有的生命一點也不艱難，完全不需違背自己、貶低自己或老去。出於敬意，他們只剩下值得尊敬的部分，而他們所留下的箴言比他們本身更珍貴。對偉人而言，這個結果，透過閱讀、評論和精研的模仿，終有一天水到渠成；但同樣的結果，基於各種類型的友誼、各種類型的孝道，在每個地方皆能實踐。不朽靈魂的數量和德行愈來愈多。逝者的重量日漸增長，孔德大致是這麼說的，不斷地將我們不穩定的生命調整得愈來愈好。因此，無論來自天堂或來自煉獄，聖人的教義傳達出生者與逝者之間真正的關係。

歷史學者的研究則駁斥這些，他們異口同聲地說荷馬不曾存在。但沒有任何荷馬曾經存在，沒有任何逝者配得上他的作品；因此，私人信件與平凡軼事的出版根本是大逆不道的行為，這樣的狀況在夏多布里昂[3]、繆塞[4]、巴爾札克、司湯達爾，總之所有文學史上的犧牲者身上比比可見。聖博夫[5]則自成一派，永遠假設最糟的狀況，希冀以微小的原因解釋龐大的效應。應讓該死的人永遠死去。但是，所幸年輕的一代根本不靠傳聞軼事來充實自己，他們拋開屍體，大步邁向活生生的成就。而目前的我，在閱讀某位作者時，一旦發現書頁下方有注釋，就無法繼續，因為它散發屍臭。沒有觀念不來自祖先，只有年輕人相信觀念。老人腐化世界也腐化自己；但等他們死去之後，年輕的一輩又會把他們救活。

3 弗朗索瓦－勒內・德・夏多布里昂（François-René de Chateaubriand, 1768–1848），法國早期浪漫主義的代表作家。

4 編注：阿爾佛雷德・德・繆塞（Alfred de Musset, 1810-1857），十九世紀法國浪漫主義浪漫主義詩人、作家、劇作家。

5 聖博夫（Charles-Augustin Sainte-Beuve, 1804-1869），法國作家、文藝批評家。

99 教師問我：「社會學究竟是什麼？」

1932.3.14

那位教師問我：「社會學究竟是什麼？這個最新的、龐大的，而且就像是如果不懂，就一無所知什麼也不懂的奧祕，究竟是什麼？如此專橫的野心可不是針對野蠻怪論發表幾個看法就能辦到。那些人在做什麼？改變政治嗎？但是想往哪個方向改？目的何在？還是說，那只是一股潮流，終究會過去？」

我回答他：「社會學在目前成了一種宗教狂熱。孔德確實創建了一派偉大的學說，有如我們情感和思想的物理學。人只有處於人類社會中才算是人，而這個社會與太陽系一樣是自然且不可避免的體系，我們需要與它一起好好運轉。若是不具實際科學的知識，這些恢宏的觀點令人難以接受。既然人們長久以來崇拜太陽和月亮，便也很有可能根據第一運動定律，直接去崇拜社會。這項對社會的需求對我們而言如此接近，如此親密，如此感人，為了掌控它，實證精神亦不可或缺。而這份精神需透過天文學、物理學、生物學等一系列科學逐漸形成。比方說，被生物遺傳學壓垮的有才之人並不在少數。因為他們對這項學識不太了解。表面上，物理和化學教我們的是透過一種簡明粗淺的觀點，去看這些推動我們的巨大原子漩渦所受到的支配。事實上，這些科學教我們的是能量。正如培根所言，人類戰勝大自然的方式在於服從大自然。不過我們必須知道得很深入，而且正確，而且要知道很多，才不會對物理化學失望。同樣地，更理所當然地，從事生物學研究需要強大的腦力，而且要具備基礎。這副頭腦要真的懂得照料與治療，想像自己患有各種疾病，到處看見細菌，卻並不十分驚嚇。還有更厲害的：社會學的新手學徒對這座龐大的器官組織感到害怕，而他只是其中的一根卑微可憐的螺絲釘。他沒有試圖了解，而是裝模作樣地說教和朗誦；他成了先知，成了深信不疑的信徒。」

「人們對於涂爾幹（Emile Durkheim）的評論頗符合這個觀念。但孔德本人難道不是某種密教主義者或有宗教幻象的人？」教師問道。

「關於孔德，」我回答，「誰都不能信，只能相信孔德的著述。總共只有十冊，透過百科全書般的知識學養，納入了所有一切，甚至包含真實的密教。但孔德本人已非常清楚地預見，如果科學任憑純粹賣弄文采的人操作，可能會變成什麼樣的新形態。無論是誰，只要不懂天文學、物理學和生物學，當他談論社會學時，絕對不要相信他。可悲的宿命論；可悲的宗教狂熱……」

「如果我想得沒錯，」教師說，「這完美地回應了戰爭所帶來的悲慘經驗。因為人們在當時很容易受到宗教啟示，也很容易陷入失望，卻也並非沒有一種野性、不人道的快樂，特別是那些不去實踐，只空想和感受的人。你讓我想到蠻族這個現今社會學家消化不了豐富資源；野蠻人正是這類宗教狂熱分子，瘋狂地注重傳統、喧鬧嘈雜、模仿、扔出意見；這一切皆因為對於所有相關領域，他們缺乏真正的知識。」

「我們談及重點了。」我告訴他，「在此，我們需要的是冷酷的雙眼，是實證態度的精神，絕非說教和自以為是。畢竟，如果感受自己身上的細菌和遺傳特性算是危險的事，那麼承認自己的狂熱激進，社會怪獸的存在及強大，就更加危險。不迷信是所有科學的工具。但是，我們那些準備不足，相信天文學卻對天文一無所知，相信物理卻對物理一無所知的社會學家們，在此能做什麼？」

「我懂了。」他顯得有些懷疑地說，「可是，如果我準備概略描繪實證社會學，難道沒有其他該謹慎注意的規定？」

「有的。」我回答：「孔德早已發現，社會學的精神其實就是整體精神，這即表示要對抗一切專精的研究企圖，支持只有一個社會的理論。真正社會學家的初衷，以及賦予各個部分、細節及時刻意義的，正是人性本身。可以確定的事實是，若是沒有泰利斯、托勒密、喜帕恰斯[6]（Hipparque），科學不會有現今的規模；若少了來自猶地亞[7]和希臘的重要改革，現今的風俗應該不一樣；如果羅馬未曾征服高盧，我國的法律想必不同。所以，我們絕對不僅是這片土地之子而已。請讀孔德吧！你可以見識他如何寫歷史。至於蠻族，拜物這個觀念，依照實證派大哲忠於比較方法所做出的描述，恰如其分地闡明了他們天真的信仰。不過，他的幾位忠實弟子從來沒機會上台公開宣揚其理念，除了他們之外，孔德已被所有人遺忘且遺棄。誰會相信實證精神仍是人道復興的最佳指導方針？」

6 喜帕恰斯（Hipparque, 195?-125 B.C.），古希臘天文學家，有「方位天文學之父」之稱。創立星等的概念，亦發現了歲差現象。

7 猶地亞（Judée），別稱耶路撒冷山地。

文化

Culture

100

學生對我說：「最可悲的不是用狹隘的原因與條件來解釋一位天才藝術家……」

1911.2.3

學生對我說：「最可悲的不是用狹隘的原因與條件來解釋一位天才藝術家，畢竟莎士比亞或巴爾札克總能讓我們沉醉，而這永遠比歷史學家那些無關痛癢的理由感人。但如果是關乎第一線的思想家，如柏拉圖、笛卡兒或康德，我們追尋的是什麼？是對我們的未來有益的觀念。暫且同意，然而這不代表定論：我們最優秀的數學家和物理學家從笛卡兒身上已學不到任何東西，他給我們的指引仍然更好；我們年輕又無知，也沒有這方面的研究天分。因為笛卡兒的觀念完全不需事先備有那麼多詳細的學識。事實上，一旦開始閱讀他的理論，儘管表面上有些故弄玄虛、晦澀不明，我們仍能清楚感受到他引領著我們走在智慧的道路上，也心知肚明：自己的悟性還不夠開竅，無法好好懂他。

「正因如此，我們得好好坐在索邦大學，聽一位評論大師講課。去吧！阿蘭，只去一次就好，這樣才能寫幾篇文章報復。顯然，那位評論家對這位作者的觀念一竅不通，這本已令人遺憾，但更嚴重的是他想向我們證明：這些已經過了兩個世紀的古老書籍裡根本沒有什麼好懂的。他把笛卡兒趕回那個時代，驅逐他，放入玻璃櫥窗，展示在錯誤博物館中，並禁止觸碰。如果在笛卡兒的書裡真的沒有什麼好懂的，就連領會基本價值也不需要，那也就不該再提它。但這不是真的，在這位優雅的驗屍官要我們跟隨送葬行列之際，我猜這位死者根本沒死，他被帶到地面上的，是蓬勃有朝氣的精神，卻沒有人願意幫我去了解他。這算是文化的一部分嗎？」

不，我絕不會撰寫報復性的文章。對那些貶低並扭曲一位大藝術家的人，我感到憤怒。因為我認為，只要有顆寬大的心，便會懂得欣賞。可惜光有一顆寬大的心並不足以明白了解；你那位評論大師想必沒有惡意，他欠缺的是悟性。而在關乎柏拉圖或笛卡兒的時候，誰又能自吹自擂說他懂得夠多？他曾閱讀過，並以自己的方式去消化；你還要求什麼呢？一位藝術家如同一尊美麗的雕像。但是一名思想家應被拿來整個重建；每個人都用自己的尺度去樹立他：你平庸，他就平庸；你渺小，他就渺小。你注重心靈，他就注重心靈，你強調肉體，他就強調肉體。總而言之，如果由於保母的疏忽，笛卡兒小時候被豬吃掉了，牠們就會把他轉變成灌香腸用的肉。

101 教師翻閱一本社會學教材

1927.9.20

教師翻閱著一本社會學教材，據我所知，那是特別編給他的使用書。我發現書本上滿是認真閱讀的記號。我所認識的這位老師是個不迷信、滿腔熱忱、執著，並且嚴謹的人。我瞥見他的臉上彷彿冒著一層不確定的迷霧，隨後又一掃陰霾，正面迎向問題，恢復平時的模樣。他問我：「如果你有個任務是為教師上幾堂社會學的課，你會怎麼做？」

「完全不麻煩，」我對他說，「一點也不難。我會把孔德的四冊《實證政治體系》(*Politique Positive*)重新讀一次；至於六冊《實證哲學講義》(*Philosophie Positive*)，我只需牢記仍十分鮮明的現有記憶就夠了。在這龐大的結構中，首先我會以暖身的角度來看科學的發展後續及歷史，那同時也是宗教的歷史。我會強調：所有關乎人類和世界的人性概念，一開始皆具有神學色彩，因為童真與想像總是一馬當先。我會導入這個觀念：社會學是所有學問中最複雜的一項，與其他所有科目關係密切，亦是最後一門脫離神學的學問。以同樣這個觀點來縱觀所有知識及其緩慢的發展，對我來說，亦是一個社會學研究的例子。因為，各門科學的發展與政治及道德的進步息息相關：從初始的神權政治到軍事文明，最後到工業文明，亦即我們所處的時期。

這一切用三到四堂課結束，因為我會遵從整體的精神，根據大師所述，逐步介紹他的三項主要理論。首先是關於家庭的理論：家庭是所有社會的基本單位，藉此機會可說明社會學為何取決於生物學。順著這條脈絡，我會描述戀物行為，視之為社會的第一場磨練。然後我會帶到國家理論。而在這個充滿陷阱的主題上，我將盡可能忠於我的大師作者，闡揚他的思想：國家這個文明階段將人類拉出家庭之外，以更廣泛的感受跟他交流，幾乎與生物性的感受一樣強烈。這是在訓練他去懂得並喜愛全體人類。於是，我來到這個題目的主要原則。我會根據暖身課程所做的準備，解釋人是一種孤獨的存在，一個單獨的社會，要靠知識和對人性的崇拜，尤其要尊崇人類中偉大的佼佼者，才能達到道德境界。講解完這個部分後，我只需要照本宣科，念出實證主義日曆[1]，僅稍微簡化，給我的聽眾一份年度紀念行事曆。透過這

1 孔德曾於一八四九年編製一種日曆，一年十三個月，每個月二十八天，每天都以歷史上各領域的著名人物來命名。

份年曆，學校可實際參與真正的人性思想，所有課業、閱讀、書寫、算術、歷史、地理、品德，毫無例外地依序遵循這些模範教師的教誨。」

「太好了，我喜歡。」他說。「但在這本教材裡，你剛才所說的，我一個字都找不到。它讓我不由得大吃一驚。」

我告訴他，「這是因為社會學有兩種：大器的和小器的。小器的社會學，第一，絕口不提科學的秩序，竟能忽略原始及較簡單的科學，真是令人佩服。第二，關於家庭，小器社會學堅持顧及野蠻的風俗，以驚嚇自己和驚嚇別人為樂。第三，關於國家，小器社會學所持有的態度和參謀部的教條差不多，認為社會的地位相當於人類的一位神明，整個道德精神在於感受並崇拜社交關係。從這個角度來看，社會學形同政府的官方意見，並順理成章地得到政府支助。至於人性，小器社會學並不在意，或者應該說，把這個部分推延到更美好的未來，到那時，繁雜大量的事實應該已經過篩濾，建立檔案；畢竟，整體精神已藉由這種歷史悠久的方法嚴格制定。」

「正是如此！」他忍不住嚷了起來，「這下子我有了讀這本教材的捷徑！」

102

動物沒有遠見

1923.4.28

動物沒有遠見。但我們應該自問：一旦某種至高權勢，如威爾斯[2]書中的火星人，將人類的存在貶低成老鼠一般，人本身是否願意多做思考。請注意：苦役犯或牢犯的境遇遠比老鼠好得多。囚犯發揮某種功能，他是一群人的核心：獄卒、書記官和法官以他為焦點；某種程度上，他甚至是主席；眾人皆努力猜測他的想法，這份用心亦是一種致敬，甚至是高度的致敬。不過，一切讓人相信，果真與眾人分開的個人又回歸到動物的條件；就像一頭誕生在森林中的牛犢般，迅速地學會了年輕水牛的習性。這相當於我用另一種方式表達的：代代相傳的唯有結構，其他一切淨是群體的外在特質（costume）。

2 赫柏特・喬治・威爾斯（Herbert George Wells, 1866-1946），通稱H・G・威爾斯（H. G. Wells），英國著名小說家、新聞記者、政治家、社會學家和歷史學家。他的科幻小說影響深遠，著有《世界大戰》、《時間機器》等書。

群體的外在特質便是風俗（coutume）；但我要用原意來解釋引申意義；而與其說族群的服飾就是風俗，我想說風俗就是族群的服飾。動物完全沒有服飾，所以完全沒有風俗。用什麼方式存在全由牠們的形體決定。瑞士人的斧槍不顧持槍人的想法，變換所有動作；鳥的嘴喙也支配鳥兒本身；兩者的差異在於，鳥喙是結構，而斧槍是族群特有配件。鏟子也屬於族群特質，員警的哨聲、英國法官的假髮也是。我們的房屋也算是群體的外在特質，而巴爾札克絲毫沒有忽視那種奇妙的關聯：一段樓梯扶手、一張座椅、古木家具、多少調整過的燈光，皆是我們性格的一部分；一如馬甲、長裙、帽子和領帶。赤裸的人也脫去了他大部分的思想；幾乎可說是全部的思想。但赤裸的人尚未脫離族群的傳統服飾。城市、房屋、耕作過的土地、輿論，甚至醜聞，這一切都還穿在他身上。整個歷史穿在他身上，還有書籍、詩和歌謠。抹除這一切後，他的記憶只剩結構；而這一點，在我看來，將他所有行動拉回我們所謂的直覺。思想是族群特質的部分，或者，可說屬於制度的部分，比我們所以為的更重要。

孔德對於動物的想法是一種強大的觀念。他說，如果馬匹和大象透過社群、紀念建物、檔案、慶典儀式，為自己創造出一種我剛才所定義的族群外在特質，我們將絲毫無法知道牠們會怎麼想、怎麼做。事實上，人類完全不讓牠們有此閒暇。吉卜林[3]曾根據獵人們的敘述，想像象群在森林深處，一塊牠們自己踩踏出來的林間空地上跳舞。這塊保留了舞蹈樣式的空地即是一種初步的族群特定地。但獵人很快就發現了這座殿堂，並驅散了這即將開始萌芽之宗教的信徒們。根據各種可信實情顯示，完全沒有閒情跳舞的動物也沒有任何思考的機會。而由於代代相傳的過程中，除了生物結構以外，什麼也沒留下，行動永遠回到原點。並非因為蜜蜂會築巢，就能說牠們形成社群。必須要有一個古老的蜂巢充作崇拜對象，最後還要有逝者，根據孔德著名的說法，掌控生者的逝者；但請不要誤會：掌控所透過的並非結構的傳承，而是群體特質，如殿堂、工具和書庫。傳統是事物，而非觀念。

所以人類歷史是符號的歷史，或者，用其他的方式來說，是宗教的歷史。精神的啟發憑藉的是言語的持續養成，也就是說，透過符號的詮釋。光達成行動還不夠，還需要符號才能反思。符號孕育意義，起初神祕如謎，而這正是思想的寫照。詩人還懂得賦予詩句符號的模樣，以便用多多納的聲響喚醒靈性。

3 魯德亞德・吉卜林（Rudyard Kipling, 1865-1936），生於印度孟買，著名英國詩人、小說家，一九〇七年諾貝爾文學獎得主。著有《叢林之書》、《原來如此故事集》等書。

103 我喜歡孔德提出的這個觀念

1925.12

我喜歡孔德提出的這個觀念：他說或許象群、馬匹和狼群只不過是缺乏建築陵墓、神殿、劇場並在裡面或附近聚集的餘裕罷了。這些動物的構造看起來完全不比我們低等。昆蟲跟我們的差別很大，但牠們的工作成果令我們驚訝，讓人看到牠們的感知力一點也不遜於我們；而牠們的軀體調節得非常得宜。仔細觀看，所有動物所欠缺的，是紀念物，亦即流傳下來、能夠教導下一代的物品；而在紀念物之中，也必須算上工具。動物身後只留下與牠們長得像、並根據牠們的軀體重新安排生活的生物。蜂巢對蜜蜂本身來說是一種新開始；而這些驚人的合作組織完全不算形成社群。

形成人類社會的，即是社會本身，那是另一種類型的遺產。屋舍、神廟殿堂、陵墓、鏟子、輪子、鋸子和弓箭、界碑、銘文、書本、傳說、崇拜、雕像，總之，這整個逝者對生者的掌控，根據帕斯卡的名言，讓人類彷彿合為一個不斷學習的整體。如果人的生存和老鼠一樣困難，如果他必須全部重來，我們可以打賭：在他短暫的一生中，他必然走不了多遠。我們極少聽說有人能獨自在荒島生存兩、三年。達爾文舉出了一個例子。那人被找到時，一點也不聰明，外貌依然是人的模樣，就像魯濱遜那個虛構人物，但行為比較像猴子：語言、禮教、省思、如夢般的回憶，總之，所有人該有的樣子，全部忘記。基於更好的理由，我們應該去相信，如果人被某種更強勢的族類貶低到老鼠的境地，永遠急急忙忙，一副受到威脅的樣子，而且填不飽肚子；照理說，可能會變成靈巧的獵人，如同所有飛禽走獸，卻不再有絲毫進步，也不會有任何自我反省的跡象。於是，思想將既奢侈華麗又畢恭畢敬。

這種想法延伸得很遠，直到認真正視最近出現的社會學家，即使他們對我們一點幫助也沒有。在我看來，他們目光如豆，爭論一些晦澀不明或不確切的文獻，組成兩、三個學派互相吞併。然而這只是表象。他們的共同始祖是孔德；他所引發的衝擊得到良好的主導，研究的藍圖規畫清晰，以至於即使他們在兩吋之外監控自己正在動搖的石塊，大樓仍被這些短視近利的研究建立起來。

我回歸孔德這美妙的迷思，在我看來，關於所謂比我們弱小的同胞，他形容得最淋漓盡致。弱小的同胞欠缺思考，或者換個方式說，思慮欠周。他賦予他們所有實用頭腦的特徵：他們聰明、狡猾、經驗豐富。他們有自己的語言，講的是有難同當。他們缺少對符號的熱愛。他們沒有趁著典禮或舞蹈的空檔交談；面對墳墓這個符號之父，他們不會停下腳步，添上一句祈禱。他們欠缺敬意，或換個方式說，缺少自我節制之禮貌，總之，缺少讓我們一起形成一種觀念的禮節共識。此外，那觀念還是錯的。老鼠絕不出錯，因為牠根本不思考。人的特質想必在於會集體受騙，而且十分固執己見。這種頑固與緊咬著骨頭不放的狗全然不同，基於在狂熱的信仰上取得共識的需求以及不可變動的實驗，造就出一門完整的學問。偏見是構成人的實質內容。

104

法國人遇見黑格爾就落荒而逃

1931.12.27

我不時親眼目睹，法國人遇見黑格爾便落荒而逃，應該說，遇見黑格爾的幽魂就逃跑。我覺得這種慌張極不自然，畢竟一個會思考的人應該要有本事忍受任何思想。所以，只要面對系統中一個微小部分的邏輯，我們的思想家個個像野兔一樣轉身奔逃。這是怎麼一回事？其中一項發現讓我稍微明白了些，跟得上的話，你可以聽聽這個觀念。一個在法國很常見的那種持念珠的天主教女信徒面對黑格爾那句「耶穌既是真正的神又是真正的人」，她彷彿受到極大的驚嚇，不解為何一名追求智慧的人可以確定這種事。「這已不是信仰了。」她說。反觀在另一個世紀，我國一位有名的哲學家曾勇敢地批評和否定。在他的思想中，宗教所留下的不過是一種希望或願望，而那是因為我們的理性不足。這個人每天早上去做彌撒，手持一座燭台，以便閱讀日課經。奉行宗教和思考宗教是兩回事，甚至隔著無限遙遠的距離，一如帕斯卡想說明的，而在找到足以證明上帝存在、對救贖多有貢獻的有力證據以前，他不信上帝。

黑格爾一頭鑽入大自然，他將半獸人愛基潘（Ægipans）具體化，以他的方式說，試驗凡間有血有肉的眾神。他並不完全認為那是假的神，那不過是一種起始形態。埃及人的動物被視為不成道的神，但荷魯斯[4]的雕像仍對他的靈魂說話。希臘神明為我們洗去一身汙泥。愚蠢並受限於習性的動物本能主宰自己，性靈蔓延到每一束肌肉的運動健將之間且有著天壤之別。運動健將的從容平靜，這強大的平靜在朱比特、阿波羅和墨丘利[5]身上備受崇拜。這才是人的模範，不再是老鷹、狼或鱷魚等可畏的謎樣動物；而是根據詮釋與階級，而有君王之人、掌管和被掌管之人。亞歷山大和凱撒兩位大帝皆曾讓這位神明下凡一遊。擬人論（anthropomorphisme）並非錯誤。若說絕對真實之精神彷彿船難者載浮載沉，在活生生的形體中隱約可見，很顯然地，同樣的一種精神若出現在一位有智慧的國王身上，可以表達得更好。因此，從蠻族宗教到希臘宗教，人學到了很多。藝術作品即是見證：這種人類與超人類的形態所帶來的充沛休憩至今仍令我們驚嘆。

結束了嗎？歷史告訴我們，尚未結束。基督徒的革命代表一種比人形之美更高的價值。為求簡短，我們這麼說好了：心靈之無限，以及對自身死後重生的興致，繪畫藝術已在在表達這些祕密，而音樂表達得更完美，詩又表達得更好。從某種角度來看，貝多芬和朱比特或荷米斯一樣美；我們也大可說，從某種角度來看，細膩扼殺了美。而正如朱比特只出現一次，但在祂的範疇中永恆不滅，還有耶穌，祂在另一個範疇裡亦只出現一次便永遠存在；這種外在形式之死，千真萬確地扼殺了形體之藝術，甚至所有藝術：面對自由的靈魂，它們皆要臣服，甚至被否定。我試著確實理出重點，只求在字裡行間中能夠顯現某種真實的歷史和顯然尚未發展成功的革命事實，彷彿一幅擦除了一半的巨幅壁畫。如果我們古老政治多少窺見這一點，我猜它會嫌惡地轉頭離開。畢竟宗教當然是必須的，而且，正如羅馬人所言，我們可以為任何新興神明保留一座祭壇，只要祂像凱撒。基督教精神當初如此平靜地被武力消化，真是令人讚嘆。我們可以說，基督教精神是一種理想，其祈求的對象，對悲傷的人們而言是一股安慰的力量。但說它為真，說要嘗試去想它為真且幾乎信以為真，那就真的是大不敬。帶著我的大贖罪券、小贖罪券、我的捐獻、我的羽飾、我的念珠、我的聖水缸，一切已成定論。冷靜下來，哲學家，屋裡可擺著不少瓷器。

4 編注：荷魯斯（Horus），古代埃及法老的守護神，是王權的象徵，其形象是隼頭人身的神祇。

5 編注：墨丘利（Mercure），羅馬神話中，為眾神傳遞訊息的信使神，他行走如飛。

105

思考激怒人

1931.2.10

思考激怒人。因為必須考慮普世性，也就是說，賦予所有性靈適用的法則，而我們做不到。在發展最為成熟的數學領域中，我們做得到；但那太容易，早從泰利斯時代起，適用法則即已提供給各類性靈。一旦局勢變得複雜，統理性靈、統領所有性靈的企圖便會受到嚴峻的挑戰。沒有什麼比反駁更讓人驚訝；只要沒有證據，一切顯得愚蠢。人應該要多方冒險嘗試，卻不該抱持任何企圖；這並不容易；因為謙遜無法啟發任何事。不是小笛卡兒，不能仰賴自身智慧靈光的人，就是一個低弱的思想家；但根據自己的智慧冒然行事的人，不久便成為可笑的思想家。

我記得曾有一個非常單純的人，我教他下棋。當他掌握了棋子的行進，彷彿得到神啟一般，他對我這麼說：「現在我已經懂了，你再也贏不了我了。」透過這番瘋狂的宣言，他把朋友變成敵人，每步皆輸，他惱羞成怒，放棄整局棋。我錯了；我應該刻意輸一兩次。好玩家極為難尋，我的意思是，懂得輸棋不輸脾氣的人。但如果每次都贏，你就完全找不到這樣的玩家了。在一場純粹以心智比較輸贏的遊戲裡，如何原諒每次都輸的自己？心智號稱平等，但立刻欺騙這美好的冀望。我猜，在小學課堂上，已經能找到狂熱分子。他們曾跌過一跤，然後永遠記恨在心，發誓即使不懂也要學。他們曾說出心中所想，但那毫無意義。他們再也不冒險。這就是為什麼看起來如此單純、總想引發評判精神的方法，並非沒有危險。一開始太認真，反而使心智受到捆綁。

文化是一劑良藥；我指的是，熟稔所有類型思想、探索所有作者、在支持或斥責之前，先想費心了解的一段漫長過程。適合兒童或青少年的心智遊戲從來無關榮譽，如此才能學會不把思想觀念當成誘餌一口咬下。了解，但不上勾，這是心智健康的問題。根據這個原則，追隨伊比鳩魯的盧克萊修用稍顯天真的想法讓人們見識到一種令人激賞的謹慎：對於日月蝕、季節變換或隕石之類的現象，他希望解釋不只一種，而是好幾種；畢竟，他說，只需把神明趕開就行了。舉世知名的馬克斯威爾[6]將這個觀念發揮到極致；他說，當某種現象有一種機械性的說法，就有了無限

6 馬克斯威爾（James Clerk Maxwell, 1831-1879），蘇格蘭數學物理學家。其最大成就是提出了將電、磁、光統歸為電磁場中現象的馬克士威方程組。

的解釋。偉大的智者們透過假設推理，並懂得變換假設。而偶爾看似蠻橫的笛卡兒懂得說他並不想誇稱自己依照上帝的方式重建世界。這就是如實看待思想觀念，做到這一點可不是小事。當一項奇蹟或一招魔術出現在我的眼前，我要做的不是先去知道那個靈巧的人是怎麼做到的，而是要為這個現象想像一、兩種可能的解釋；然後靜靜等待實驗，唯有驗證才能說明實情。透過這種方式，我們才能建立自信，至少絕不會凡事不敢確定。

伏爾泰看得很透徹。人性之災厄來自狂熱激進；那只是衝動的思考，出自一種過度急躁的野心，並且很快就會失望。狂熱主義並未真的式微，只是換了對象，或者應該說，只不過換了說詞。我相信政治激情之中利益的成分少於心靈的成分。一個靈魂無法忍受另一個靈魂、他的對手、與他想法不同的同類。這之中有尊敬，甚至有受騙的愛；這種瑕疵在古時導致火刑，在現今則造成大型的火刑，那就是戰爭。

106

孔德最初受的是科學教育

1924.12

孔德最初受的是科學教育，也就是說，他很早就明白自然萬物之間如何連結，如何一起變化，無論是在數量或運動方面，還是在特質方面。他充分具備這些知識，聰明絕頂，大概是人們見過最優秀的頭腦之一，能夠強大地運作思考，但他的一生窮困潦倒。這是因為他對於外部事物的看法極為精準，但置身人性範疇這個我們強烈情感的主要來源之中時，卻宛如一個孩子。因此，他上了情感與想像的當，順從他寬大的心胸衝動，呈現出真實野蠻的自己。這是許多人皆有過的經歷。但這副絕頂聰明的頭腦至少懂得反省自身的不幸，成熟後發現年輕時期的不足。所以在他四十歲時左右，跟上了詩人、藝術家，簡言之，各種人類表現的腳步，最後止於原本應該是出發點的議題上；用最廣義的方式來說就是禮貌，亦即教育。

我們從人群組織誕生，並在這逐漸鬆散，但仍然堅固、不可能斷裂的人群組織中長大。我們沒有選擇。孩子很可憐，懷抱著瘋狂的希望，以及他以為巨大的小小憂傷。當務之急是讓自己呼吸得到新鮮空氣，將我們周圍的人們撤到視線所及範圍即可。要做到這一點，首先，且一直必須仰賴的是對表現符號的認知。但就算保母特別留心這件事，也無法帶我們走得多遠。應該讀讀其他東西，別只接觸保母的面孔和她們無知的話語。掌握字母算是芝麻小事，但文法卻沒有止境；文法之外延伸出共同慣用語，再往上還有美麗又強而有力的詞藻，宛如我們情感與思想的規則和模範。必須閱讀，一讀再讀。人類的秩序表現在規則裡，守規矩是一種禮貌，就連遵守拼字規則也一樣。沒有比這更好的紀律了。人這頭野蠻動物生來野蠻，不知不覺中，由於遵守規則變得文明而像個人，一切只因為閱讀的樂趣。極限在哪兒？現代語言和古代語言皆以千萬種方式為我們提供閱讀樂趣。所以，是否必須閱讀全體人類，或者像人家說的，閱讀所有種類的人？

極限在哪裡，我完全看不到。我不了解任何人，無論他天生多麼遲鈍粗魯，即使被分配到最簡單的工作；我一點也不了解什麼人首先需要存在於他周遭和沉澱在經典書籍中的人性。必須多方嘗試，利用孩童猴子般的模仿力，這時的他輕輕鬆鬆就能學會口氣與態度。從幼年期初期開始，就應該盡可能往前推進。根據優雅與否及駕輕就熟的程度，來決定某人適合文化而排除另一個人，實在是不公平且不謹慎的做法。優美的文學對所有人都有益，而且對愈粗俗、愈笨拙、愈冷漠、愈凶暴的人來說，想必愈有需要。那麼對孩童該怎麼做呢？該讓這些小朋友們隨手取得物理和化學知識嗎？優美的物理學，優美的化學！在此，這位孔德再次提醒我們回歸秩序，且強調這個詞最重要的意義，警告我們：若沒有準備好數學，機械，甚至天文學的基礎，全然無法進入物理學的世界。而在十二歲以前，孩子尚在學會認字並學習閱讀，不該貿然嘗試那些事物，應讓他受詩人、演說家、說書人的薰陶。如果不去想著一次做完所有事，時間就不會不夠。小學裡上演著這齣荒謬的戲：一個人負責教好幾門課。我痛恨這些小型的索邦大學。只要一扇敞開的窗，我就能用耳朵來評判。若老師閉嘴，孩童朗誦，則一切進行順利。

和平

Paix

107

我感到肩膀上有一隻小手

1921.7.12

我感到肩膀上有一隻小手，如小鳥般輕盈。那是史賓諾沙的幽魂，他想對我耳語。「小心哪！」細微的聲音說，「你自己別去模仿你想對抗的那些激情。那是一個古老的陷阱；幾個世紀以前，憤怒為對抗憤怒而起，憐憫成了暴力，愛轉為恨，總有一支軍隊替換另一支軍隊，永遠用同樣的手段羞辱他人追求的目標。千萬別刻意看重令人悲傷的事。也就是說，關於人的奴性和人的弱點，盡量節制考量，做到基本就好。反之，關於品德或人的權勢，盡量大方無妨：那是特地讓人們開心和讓自己高興的節目，好讓他們和你自己從此以後只要感到歡喜就願意行動。」

微弱之聲，被人過度遺忘。一個人所做出的愚蠢舉動完全不是他的本意，虛榮絲毫不是他的本意，可惡的行為也絲毫不是他的本意。這些激動人心的表象其實只顯露人面對外在因素時的軟弱。一旦你們再也掌控不了自己的思想，只消唇舌一動，蠢行自然發生。不需特意悲傷，同樣地，不需特意樹敵和自討苦吃，不需特意自吹自擂或惱羞成怒。所有的錯誤都來自放棄自己。在這個間接殺害他人的人身上，完全沒有意志力，一點也沒有，沒有；但他讓步、逃避，逃亡的過程中迫害他人。這場戰亂災禍中的一切都是外來的，所有人盡皆受苦，沒有人有所行動。而這就是我們的熱情被放大後的意象。所以，我試圖羞辱、打擊人類的軟弱，卻墜入虛空。這些毛病什麼也不是，我沒辦法戰勝它們。人本身的一切對他自身和他人皆只有好處。我想找出一位作者為這麼多缺失負責，卻徒勞無功。我永遠只能找到一個在超出自己能力範圍之處尋找其思想和義務的人。「當時我沒辦法。」所有人都像腓特烈大帝時期的那些士兵，感到刺刀抵在腰上，被人逼迫也逼迫別人。這屈辱的境地，不需多餘地一再提醒他們。在此，若我以為他們對自己的所作所為感到驕傲，那我恐怕犯下最嚴重的大錯。他們並不自傲，反而悲傷、憤慨、彆扭。

關於戰爭，我們遇上了一個頗完美的詭局：人人皆辯稱自己從不想要戰爭，並指控旁人。我遠非認為這是個謊言，只是他們講得有些心虛，而事實比他們自己所以為的還要真，而膽怯的表現造成意想不到的表象。我一直期待，敵方的人民有天能透過他們的銀行家、工人、政治人物、作家等各界代表將真實的想法公諸於世，說出他們並不想開戰，他們永遠不想有戰爭，只有在非不得已、被逼迫的情況下才會參戰。但是被誰逼迫？在這一片冷場與靜默之中，出現的那頭沒有形體的怪獸，僅憑普世大眾的恐懼養成強大的威力。那麼，你希望以恐懼壓制恐懼？好個厲害的藥方。但喚醒每個人心中的人性，鼓勵他們皆依循喜悅和希望行事，藉助戰爭及其顯露的能量和對每個人的掌控能力，並引以為鑑，這些事絕非微不足道。所以，請大膽、徹底地思考一次敵方的勇氣以及你的勇氣，唯有透過這樣的判斷，方能宣告和平。我怕的只有懦夫，因此我怕的其實什麼也不是；是我自己的擔憂給了他們存在的空間。模仿我的那位哲學家，我想說：喜悅全然不是和平的果實，而是和平本身。

論哲學家

「現代蘇格拉底」哲學家阿蘭的引領，
前往一場智者與哲人的盛會

論哲學家／阿蘭（Alain）著；陳太乙譯
.－初版.－台北市：麥田出版：
家庭傳媒城邦分公司發行，2018.11
譯自：Propos sur des philosophes
ISBN 978-986-344-603-3（平裝）
1.阿蘭（Alain, 1868-1951）
2.學術思想 3.西洋哲學
146.73　　107018069

封面設計　許晉維
印　　刷　漾格科技股份有限公司
初版一刷　2018年11月

定　　價　新台幣360元
I S B N　978-986-344-603-3
Printed in Taiwan

作　　者　阿　蘭（Alain）
譯　　者　陳太乙
責任編輯　林如峰
特約編輯　曹子儀
國際版權　吳玲緯　蔡傳宜
行　　銷　艾青荷　蘇莞婷
業　　務　李再星　陳紫晴　陳美燕　馮逸華
主　　編　林怡君
編輯總監　劉麗真
總 經 理　陳逸瑛
發 行 人　凃玉雲

出　　版

麥田出版
台北市中山區104民生東路二段141號5樓
電話：(02) 2-2500-7696　傳真：(02) 2500-1966
網站：http://www.ryefield.com.tw

發　　行

英屬蓋曼群島商家庭傳媒股份有限公司城邦分公司
地址：10483台北市民生東路二段141號11樓
網址：http://www.cite.com.tw
客服專線：(02)2500-7718; 2500-7719
24小時傳真專線：(02)2500-1990; 2500-1991
服務時間：週一至週五09:30-12:00; 13:30-17:00
劃撥帳號：19863813　戶名：書虫股份有限公司
讀者服務信箱：service@readingclub.com.tw

香港發行所

城邦（香港）出版集團有限公司
地址：香港灣仔駱克道193號東超商業中心1樓
電話：+852-2508-6231　傳真：+852-2578-9337
電郵：hkcite@biznetvigator.com

馬新發行所

城邦（馬新）出版集團【Cite(M) Sdn. Bhd. (458372U)】
地址：41, Jalan Radin Anum, Bandar Baru Sri Petaling,
57000 Kuala Lumpur, Malaysia.
電話：+603-9057-8822　傳真：+603-9057-6622
電郵：cite@cite.com.my